ΚΙΝΗΜΑΤΟΓΡΑΦΟΙ ΤΟΥ ΟΝΕΙΡΟΥ

Ιδιωτικοι Κινηματογραφοι Σχεδιασμενοι απο τον Θοδωρο Καλομοιρακη

Το βιβλίο κυκλοφορεί στην αγγλική γλώσσα από τις εκδόσεις
Harry N. Abrams, Incorporated, New York

Η αγγλική έκδοση πραγματοποιήθηκε με τη γενναιόδωρη
χορηγία των εταιρειών RUNCO INTERNATIONAL, CURTCO
ROBB MEDIA, CALIFORNIA AUDIO TECHNOLOGY (CAT),
MONACO AUDIO, IRWIN SEATING

Μετάφραση: Λίλιαν Καπόν

ISBN 960-7037-44-8

ΕΚΔΟΣΕΙΣ ΚΑΠΟΝ
Μακρυγιάννη 23-27, Αθήνα 117 42
Τηλ./Fax: 210 9214 089, 9235 098
e-mail: kapon_ed@otenet.gr www.kaponeditions.gr

ΚΙΝΗΜΑΤΟΓΡΑΦΟΙ ΤΟΥ ΟΝΕΙΡΟΥ

Ιδιωτικοι Κινηματογραφοι Σχεδιασμενοι απο τον Θοδωρο Καλομοιρακη

Κειμενα: Steven Castle

Φωτογραφιες: Phillip Ennis και Γιωργος Φαφαλης

Εισαγωγη: Σταματης Φασουλης

Προλογοι: Νικολαος Α. Βερνικος και Dean Koontz

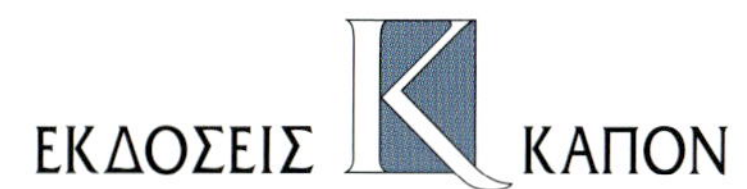

ΕΚΔΟΣΕΙΣ ΚΑΠΟΝ

Το βιβλίο αφιερώνεται στους Jeanie Blum, Steve Tsubota, Γιώργο Κόβα, Dan Kelleher, Νίκο Βερνίκο, Ed Kinsey, Tom Shoquist και Jacques Schneider, που πίστεψαν σε μένα, που μου έδωσαν τη φιλία τους και με ενθάρρυναν στο να ακολουθώ όνειρα, τα οποία είναι πάντα ζωντανά και γεμάτα δύναμη.

ΕΥΧΑΡΙΣΤΙΕΣ

«Με τη σύμπραξη χιλιάδων», διαφήμιζαν με μεγάλα γράμματα οι αφίσες του παλιού κινηματογράφου. Κάπως έτσι νιώθω, όταν σκέπτομαι πόσοι άνθρωποι χρειάστηκαν για να μετατρέψουν αρχιτεκτονικά σχέδια σε εκθαμβωτικούς εξωτικούς κόσμους φυγής από την καθημερινότητα. Η επιτυχία των κινηματογράφων που περιγράφονται στο βιβλίο, πολλοί από τους οποίους χρειάστηκαν χρόνια για να τελειώσουν, βασίζεται στις ικανότητες και τον επαγγελματισμό εκατοντάδων ταλαντούχων τεχνικών, ειδικευμένων στις εγκαταστάσεις οπτικοακουστικών συστημάτων, χτιστών, ηλεκτρολόγων, ξυλουργών, βαφέων, γλυπτών, καθώς και διακοσμητών εσωτερικών χώρων που εργάστηκαν σκληρά για να μετατρέψουν αυτά τα αρχιτεκτονικά σχέδια σε ζωντανή πραγματικότητα. Χωρίς αυτούς, δε θα υπήρχαν ούτε Ritz, ούτε Moonlight, ούτε Toledo. Οι ιδιωτικοί κινηματογράφοι του βιβλίου θα είχαν παραμείνει ένα πακέτο από ωραία σχέδια, πάνω σε χαρτί.

Θα ήθελα να εκφράσω την ευγνωμοσύνη μου στην ταλαντούχα ομάδα των αρχιτεκτόνων του γραφείου μας στη Νέα Υόρκη, παλιών και τωρινών, που με βοήθησαν στη σχεδίαση και στην οργάνωση των κινηματογράφων που περιγράφονται στο βιβλίο, όπως και σε πολλούς άλλους: στους Geoffrey Taylor, Jorge Arias, Aline Rizk, Yujin Asai, Garry Griggs, Michael Brothers, Robert Fuller, Anna Paola Civardi, Angela Kravtchenko, Richard Lanning, Donna Mikrut, Michael Soriano, Alejandro Gonzalez, David Hutchinson και George Krassas.

Επίσης, θα ήθελα να εκφράσω την ευγνωμοσύνη μου στον Anthony Cortez, η δημιουργικότητα του οποίου στο σύστημα 3-D visualization βοήθησε εμένα και τους πελάτες μου να βλέπουμε το τελικό αποτέλεσμα πριν από την υλοποίηση του σχεδίου.

Ένας καλοσχεδιασμένος κινηματογράφος δε θα είχε καμία αξία χωρίς ένα άψογο οπτικοακουστικό σύστημα. Η δουλειά μας θα παρέμενε μισή χωρίς την ανεκτίμητη συνεισφορά των: Robert Eitel της εταιρείας Robert's Home Audio & Video, Anthony Pavia της «Lights... Camera... Action...», Murray Kunis της Future Home, Bob Dodge και Jose Perez της Talk of the Town, Jason Abramowitz και Steve D'Addone της IntraHome Technologies, Jeff Hoover της Audio Advisors, Greg Margolis της HomeTronics, Mark Hoffenberg της AudioVisions, Tom Doherty, Tony Tangalos, Rich Bara, και των συναδέλφων τους, Scott και Jennifer Ross της Atlanta Home Theater, Don Calley της Image, Sound & Control, Tom Wells της Integrated Media Systems, Bill Anderson της Genesis Audio & Video, καθώς και του φίλου μου Γιάννη Ρουμπέση στην Αθήνα.

Όλοι οι κινηματογράφοι που περιγράφονται σε αυτό το βιβλίο, αλλά και πολλοί άλλοι ακόμα, υλοποιήθηκαν χάρη στη σκληρή δουλειά του James Theobald, αφοσιωμένου διευθυντή πωλήσεων και μάρκετινγκ της εταιρείας μας, ο οποίος αποτελεί το συνδετικό κρίκο με τους πελάτες μας και τους πείθει να μας εμπιστευτούν στην εκπόνηση του σχεδίου.

Θα ήθελα επίσης να ευχαριστήσω τον Barry Silverstein, τον πιστό μου νομικό σύμβουλο, τον Kevin Hall, τον επιχειρηματικό μου σύμβουλο και τον πρώην συνεταίρο μου Jay Miller. Και οι τρεις είναι αγαπητοί φίλοι που με στήριξαν με τις συμβουλές και την καθοδήγησή τους, ενώ με γλίτωσαν από κακοτοπιές.

Θα ήθελα επίσης να ευχαριστήσω τον Jeff Rubin, που είχε την καλλιτεχνική επιμέλεια της έκδοσης και ο οποίος έδωσε τον καλύτερο εαυτό του, τον Steven Castle που μπόρεσε να συλλάβει την προσωπικότητα των κινηματογράφων και των ιδιοκτητών τους και να τη μεταδώσει με τόσο εύγλωττο τρόπο. Ακόμα, εκφράζω τις ευχαριστίες μου στους παλιούς μου φίλους Ραχήλ και Μωυσή Καπόν, που έφτιαξαν το βιβλίο, βάζοντας όλη τους την αγάπη. Οφείλω επίσης πολλά στον Phillip Ennis που αιχμαλώτισε στο φωτογραφικό φιλμ τη μαγεία των περισσότερων κινηματογράφων που περιγράφονται σ΄ αυτό το βιβλίο. Ο ίδιος και οι βοηθοί του –Ian Londin, John Rooney και Bill Combs– τους έδωσαν ζωή και τους έκαναν να μοιάζουν ακόμα πιο γοητευτικοί από ό,τι στην πραγματικότητα. Ευχαριστώ επίσης τον Γιώργο Φαφαλή, που με ιδιαίτερη ευαισθησία φωτογράφισε κινηματογράφους που έχω κάνει στην Ελλάδα.

Εκφράζω επίσης την ευγνωμοσύνη μου στις εταιρείες Runco International, California Audio Technology (CAT), Irwin Seating, Monaco Audio και Curtco Robb Media για τη συμβολή τους στην αγγλική έκδοση.

Τέλος, αν και δεν ανήκουν στον επαγγελματικό μου χώρο, θα ήθελα να αναφέρω τους Jeanie Blum και John Thomsen στις ΗΠΑ, καθώς και τον αδελφό μου Δημήτρη στην Ελλάδα. Η αγάπη τους και η συμπαράστασή τους έκαναν τη ζωή μου πιο εύκολη. Αποτελούν τη στενή μου οικογένεια.

Θόδωρος Καλομοιράκης

ΠΕΡΙΕΧΟΜΕΝΑ

ΣΗΜΕΙΩΜΑ ΤΟΥ ΕΚΔΟΤΗ

Απο Τη Ραχηλ Καπον

Όταν σήμερα προβάλλουμε ένα σπουδαίο μέρος από το δημιουργικό έργο του Θόδωρου Καλομοιράκη, τα συναισθήματά μου δεν μπορούν να περιοριστούν στη λέξη θαυμασμός.

Θέλω να πω κι εγώ τα δικά μου λόγια για τα 36 χρόνια φιλίας και, κυρίως, για τα νεανικά χρόνια που μοιραστήκαμε με τον Θόδωρο.

Θέλω να μιλήσω για το ξεκίνημά μας, όταν, συμμαθητές στη «Σχολή Δοξιάδη», μοιραζόμασταν τις ώρες της δουλειάς και της διασκέδασης, όλους τους προβληματισμούς και τις συζητήσεις γύρω από τα κοινά μας ενδιαφέροντα. Όταν γυρνάγαμε από κινηματογράφο σε κινηματογράφο για να δούμε όσο γινόταν περισσότερες ταινίες μέσα στην ίδια μέρα. Όταν, διψασμένοι για μάθηση, κυνηγούσαμε όλα τα ερεθίσματα για τα μάτια και την καρδιά μας.

Θυμάμαι τους θαυμάσιους δασκάλους εκείνης της άδολης εποχής (τον Ο. Κανέλλη, τον Δ. Μυταρά, τον Γ. Γεωργιάδη, τον Π. Ζουμπουλάκη και τη Μαρίνα Λαμπράκη-Πλάκα), την απίστευτη ευχέρεια επικοινωνίας, τις εκδρομές, τις φωτογραφίες, τη σπατάλη της νιότης με τα τόσα γέλια και τα καρδιοχτύπια της.

Ο Θόδωρος πήγαινε παράλληλα και στη «Σχολή Σταυράκου»: η Μεγάλη του Απόδραση είχε ξεκινήσει πολύ πριν το γύρισμα της διάσημης κινηματογραφικής περιπέτειας. Έκανε ταινίες μικρού μήκους (το φιλμ *Για λίγες μόνο παραστάσεις* κέρδισε το 2ο βραβείο στο Φεστιβάλ Θεσσαλονίκης το 1972) και, φυσικά, εγώ ήμουν από τους πρώτους κριτές του, η φίλη η Σέλη από τη Λάρισα, μετέπειτα Ραχήλ.

Θυμάμαι το παλιό σπίτι του Θόδωρου, τη μοναδική ταράτσα στην οδό Κολοκοτρώνη, όπου προβάλαμε το πρώτο του φιλμάκι. Έχω ακόμα το σχετικό πρόγραμμα και μια απίστευτη νοσταλγία για κείνο το λίκνο ονείρων με την ευτράπελη ονομασία «Σινέ Κατινάκι».

Ξέρω πως όλα αυτά ανήκουν στη συναισθηματική επικράτεια του Cine Paradiso. Είναι μια νιότη που την κουβαλάμε μέσα μας και με τίποτα δεν θα θέλαμε να τη χάσουμε.

Τώρα που «αποχτήσαμε» ενηλικιωμένες καριέρες, είναι σπουδαίο, Θόδωρε, που μας μένει η αγάπη και η εμπιστοσύνη. Χαίρομαι που σε νιώθω γελαστό μαζί και ανήσυχο στην ταράτσα, λίγο πριν την παράσταση, να ανανεώνεις κάθε μέρα το συμβόλαιό σου με τη νιότη, να κρατάς γερά το τιμόνι και να μας ταξιδεύεις, πάντα με λογισμό και μ΄ όνειρο.

Η φίλη σου Σέλη

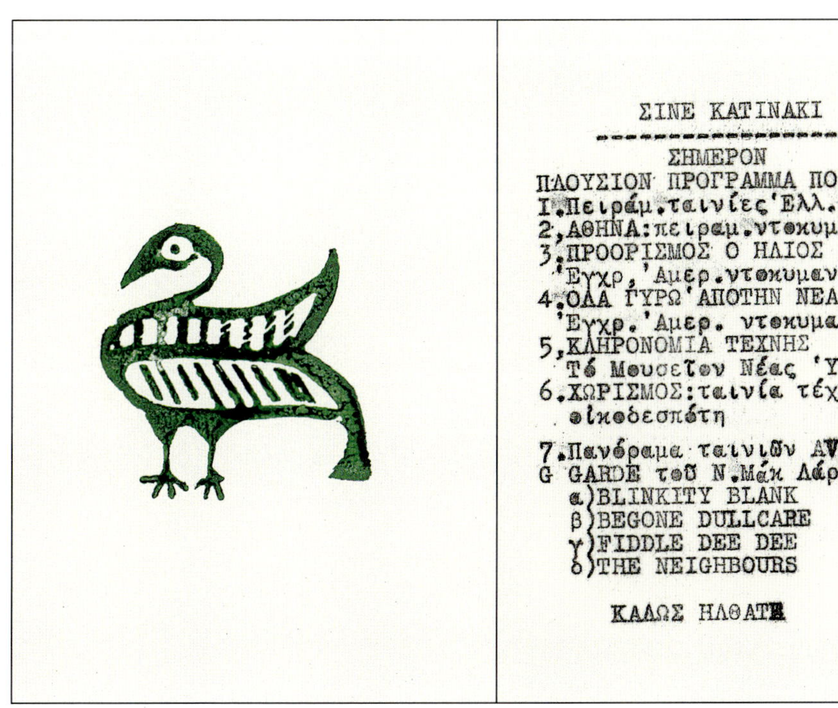

ΣΙΝΕ ΚΑΤΙΝΑΚΙ

ΣΗΜΕΡΟΝ

ΠΛΟΥΣΙΟΝ ΠΡΟΓΡΑΜΜΑ ΠΟΙΚΙΛΙΩΝ

1. Πειράμ. ταινίες Ἑλλ. σκηνοθετ.

2, ΑΘΗΝΑ: πειραμ. ντοκυμανταίρ

3. ΠΡΟΟΡΙΣΜΟΣ Ο ΗΛΙΟΣ
'Εγχρ, 'Αμερ. ντοκυμαντάίρ

4. ΟΛΑ ΓΥΡΩ ΑΠΟ ΤΗΝ ΝΕΑ ΥΟΡΚΗ
'Εγχρ. 'Αμερ. ντοκυμανταίρ

5, ΚΛΗΡΟΝΟΜΙΑ ΤΕΧΝΗΣ
Τό Μουσεῖον Νέας 'Υόρκης

6. ΧΩΡΙΣΜΟΣ: ταινία τέχνης τοῦ οἰκοδεσπότη

7. Πανόραμα ταινιῶν AVANT GARDE τοῦ Ν. Μάκ Λάρεν
α) BLINKITY BLANK
β) BEGONE DULLCARE
γ) FIDDLE DEE DEE
δ) THE NEIGHBOURS

ΚΑΛΩΣ ΗΛΘΑΤΕ

ΕΙΣΑΓΩΓΗ

Απο Τον Σταματη Φασουλη

Άρχισα να βλέπω τον κόσμο σε μια εποχή που η τηλεόραση δεν είχε μπει στο σπίτι και γι' αυτό έπρεπε να βγω εγώ να πάω να βρω την κινούμενη εικόνα έξω στον κόσμο.

Κάθε γειτονιά τότε είχε και τρεις τέσσερις κινηματογράφους. Με την ίδια ευκολία λοιπόν που τώρα παίρνουμε το τηλεκοντρόλ, έπαιρνα δρόμο, έστριβα τη γωνία, έκοβα εισιτήριο, έμπαινα στην αίθουσα κι εκεί μέσα στο σκοτάδι έβλεπα το «Φως του Κόσμου»... Και δεν ήταν μόνο οι σκοτεινές αίθουσες της γειτονιάς, ήταν κι αυτά τα μεγάλα κτίρια του κέντρου που στέγαζαν τότε τα έγχρωμα όνειρά μας. Αίθουσες μεγάλες με εισόδους πολυτελείς και πάμφωτες, βαριές βελούδινες κουρτίνες σε χρώμα γκρενά, εξώστες με σκαλιστά στηθαία και πολυελαίους στην οροφή που σβήνανε αργά-αργά για ν' αρχίσει η προβολή του ονείρου. Αυτές οι αίθουσες, όσο και να περνούν τα χρόνια, τόσο και πιο πολύ έρχονται και ξανάρχονται στη μνήμη και τη χαράζουν σαν το διαμάντι το γυαλί. Είναι ακόμα φορές που, καθώς μπαίνω στον ύπνο, μια σειρά από ταμπέλες Νέον σ' όλα τα πυρακτωμένα χρώματα του κόκκινου, του πρασινογάλαζου, του μωβ και της ώχρας παρελαύνουν σιωπηλά. Ονόματα, όπως «Rex», «Maxim», «Titania», «Ορφεύς», «Ελληνίς», «Παλλάς», αναβοσβήνουν στον ύπνο μου και παρηγορούν τους εφιάλτες μου.

Πέρασαν τα χρόνια και η μικρή φωσφορίζουσα και γυάλινη οθόνη έφερε την εικόνα σπίτι, που να τρέχεις στους πέντε δρόμους να τη βρεις. Κι όμως, πόσο μου λείπουν αυτές οι μισοφωτισμένες αίθουσες, που άνοιγαν απ' το πρωί 10 η ώρα, κι οι περισσότεροι με τις σάκες στο χέρι το σκάγαμε απ' το σχολείο και μπαίναμε στο Χόλλυγουντ. Ίσως αυτή η θητεία μου στους κινηματογράφους με οδήγησε μια ώρα αρχύτερα στο θέατρο.

Έγινα λοιπόν ηθοποιός, μόλις είχα βγει απ' τη σχολή θυμάμαι, και δεν ξέρω πώς έγινε, με φώναξαν για μια «μικρού μήκους» ταινία, να παίξω λέει ένα ρολάκι, που τη σκηνοθετούσε ο Άκης ο Καλομοιράκης, ένας νέος σκηνοθέτης που ήδη είχε πάρει το πρώτο βραβείο σκηνοθεσίας στο Φεστιβάλ Θεσσαλονίκης. Η ταινία έγινε και πήρε κι αυτή το πρώτο βραβείο, εγώ ένα αίσχος, ο χειρότερος όλων. Έτσι γνωρίστηκα με τον Άκη. Ένα παιδί τότε παθιασμένο με το σινεμά, τον έβλεπες στο γύρισμα κι έλεγες «χωρίς αυτό αποκλείεται να ζήσει». Γι' αυτό και ξαφνιάστηκα μετά από λίγα χρόνια όταν έμαθα ότι ο Άκης τα άφησε όλα και πήγε στην Αμερική, μένει στη Νέα Υόρκη. Με το πρώτο μου ταξίδι συναντηθήκαμε.
«Τι γίνεται;» του λέω.
«Δουλεύω σ΄ ένα περιοδικό, καλά είναι».
«Και το σινεμά;»
«Μου λείπει ρε Σταμάτη, μου λείπει πολύ».
«Και τι κάνεις;»
«Να, κάθε Σάββατο έχω βρει έναν τρόπο και κάνω σινεμά το σπίτι μου».

Δεν κατάλαβα τότε. Έπρεπε να περάσουν πολλά χρόνια, να ξαναπάω στη Νέα Υόρκη και κει, στο σπίτι του, να δω πια με τα ίδια μου τα μάτια αυτό που έκανε. Εκτός απ' το μικρό αριστούργημα-αίθουσα προβολής του σπιτιού του, είδα και φωτογραφίες απ' όλες σχεδόν τις αίθουσες, αυτά τα μαγικά, υπέροχα, παραμυθένια «Home Theaters» που είχε δημιουργήσει και είχε σπείρει σε όλη την Αμερική, κι αργότερα σε όλο τον κόσμο.

Ο Άκης έκανε κάτι πάνω και πέρα απ' τη φαντασία και τα όνειρά μας. Πήρε το σινεμά της εφηβείας μας και το ζωντάνεψε σε όλες του τις μορφές, όχι μόνο αυτές που είχαμε ζήσει αλλά και αυτές που είχαμε φανταστεί: αίθουσες του Μεσοπολέμου, αίθουσες Αρ Ντεκώ, σάλες του '20, του '50, πλούσιες, λιτές, πολυποίκιλτες, αστραφτερές, αυστηρές. Με λίγα λόγια, σκηνοθέτησε την κινηματογραφική μας εφηβεία και την ξανάστησε στον παρόντα χρόνο με τα πανάκριβα υλικά του ονείρου. Έγινε δηλαδή αυτό που ήθελε πάντα: ένας πολύ μεγάλος σκηνοθέτης του (προσωπικού και αυστηρά ιδιωτικού μας) κινηματογράφου.

ΠΡΟΛΟΓΙΚΟ ΣΗΜΕΙΩΜΑ

Απο Τον Νικολαο Α. Βερνικο

Ευτυχώς που το *Architectural Digest* (έγκυρο μηνιαίο αρχιτεκτονικό αμερικανικό περιοδικό) αναφέρει τα τηλέφωνα των δημιουργών των εξωτερικών και εσωτερικών χώρων που παρουσιάζει. Έτσι, όταν στα μέσα της δεκαετίας του 1990 ήταν από τα πρώτα με αφιέρωμα στα home theaters, το άρπαξα για να ενημερωθώ και να βελτιώσω το σχετικό χώρο του σπιτιού μου. Την προσοχή μου τράβηξε πρώτα απ΄ όλα ο κινηματογράφος της Sharon Stone που είχε σχεδιάσει ο Ralph Lauren, τον οποίον γνωρίζω λόγω των επαγγελματικών σχέσεων που έχει με τη γυναίκα μου Βαρβάρα. Γρήγορα όμως το ενδιαφέρον μου εστιάστηκε στο όνομα Θόδωρος Καλομοιράκης.

Ήταν πρωί στη Νέα Υόρκη και θα έπαιρνα το βράδυ το αεροπλάνο για την Αθήνα. Προτίμησα να τηλεφωνήσω πρώτα στον Θόδωρο, πράγμα που έκανα αμέσως. Από την πρώτη αυτή τηλεφωνική επαφή δημιουργήθηκε καλή χημεία που εξελίχθηκε σε πολύτιμη φιλία. Σε λίγες ώρες είχα λάβει στο ξενοδοχείο μου με αγγελιοφόρο ενημερωτικό υλικό για το έργο του που μελέτησα με προσοχή το ίδιο βράδυ κατά τη διάρκεια της πτήσης προς Αθήνα. Με πήρε ο ύπνος σκεπτόμενος την προσαρμογή των εντυπωσιακών του σχεδίων στην ελληνική πραγματικότητα. Φτάνοντας, μοιράστηκα τον ενθουσιασμό μου με τη γυναίκα μου και επέσπευσα το επόμενο ταξίδι μου στη Νέα Υόρκη, όπου συναντήθηκα για πρώτη φορά με τον Θόδωρο. Συμφωνήσαμε τους όρους συνεργασίας, με επιφύλαξη για την έγκριση και της Βαρβάρας, και τον έπεισα να έρθει το συντομότερο στην Αθήνα.

Ευτυχώς και για μεγάλη μου ικανοποίηση, η ίδια και ακόμα καλύτερη συνεννόηση υπήρξε και με τη γυναίκα μου. Το αποτέλεσμα αυτής της συνεργασίας θα το δείτε στις σελίδες αυτού του βιβλίου.

Εκτός από την οικογενειακή συσπείρωση και τη συνεισφορά στην οικογενειακή ευτυχία, μας προσέφερε και εθνική υπερηφάνεια, μια και το 2003 το έργο του βραβεύτηκε απο τη CEDIA (Custom Electronic Designers and Installators Association) των Η.Π.Α. ως ο καλύτερος οικιακός κινηματογράφος στον κόσμο, στην κατηγορία του. Η τελετή βράβευσης στη Νέα Ορλεάνη, στην οποία παραβρέθηκα μαζί με τη φίλη και θεατή Φλώρα Κατσαούνη, θα μου μείνει αξέχαστη. Τότε βεβαιώθηκα για την προσωπικότητα και το μεγάλο ταλέντο του Θόδωρου που, σύμφωνα με το Robb Report, είναι από τους ανθρώπους που διαμορφώνουν την αισθητική και το lifestyle του 21ου αιώνα.

Ευχαριστώ τον ΤΚ και τους συνεργάτες του για το concept και το σχεδιασμό, τον Γιάννη Ρουμπέση για τις ηλεκτρονχητικές εγκαταστάσεις, τη συνεχιζόμενη παρακολούθηση και τον εκσυγχρονισμό της λειτουργίας του, το ξυλουργικό εργαστήριο του Γιάννη Τζε για τις κατασκευές, τους φίλους μας και τους φίλους των παιδιών μας που γεμίζουν την αίθουσα για τη χαρά που μας προσφέρουν παρακολουθώντας μαζί μας καλές και κακές ταινίες και τηλεοπτικά προγράμματα. Ό,τι και να βλέπεις, σε ένα περιβάλλον με την ατμόσφαιρα των theaters του Θόδωρου Καλομοιράκη, περνάς πάντα καλά.

ΛΟΓΙΑ ΜΕΣΑ ΑΠΟ ΤΗΝ ΚΑΡΔΙΑ

Απο Τον Θοδωρο Καλομοιρακη

Πέρασαν έξι χρόνια από την έκδοση *Theo Kalomirakis' Private Theaters*, το πρώτο βιβλίο μας με σχέδια θεάτρων που μια ομάδα από ταλαντούχους αρχιτέκτονες και εγώ σχεδιάσαμε. Από τότε, προέκυψαν περισσότερα θέατρα, πολλά βραβεία, σημαντικά νέα σχέδια, όπως και μια ανεπιτυχής προσπάθεια να προωθήσουμε στην αγορά τα σχέδιά μας ως βιομηχανοποιημένα προϊόντα. Στην πορεία, πήρα κάποια μαθήματα που επρόκειτο να επηρεάσουν τα σχέδιά μου αλλά και τα επιχειρηματικά μου βήματα στα επόμενα χρόνια.

Εάν μου ζητούσατε να σας εξηγήσω τι ακριβώς κάνουμε, θα σας έδινα την προφανή απάντηση: σχεδιάζουμε κινηματογράφους, αλλά σε ένα πιο προσωπικό επίπεδο. Θα περιέγραφα τον εαυτό μου σαν κάποιον που ταυτίζεται αμέσως με το παιδί που κρύβουν μέσα τους όσοι αγαπούν τις κινηματογραφικές ταινίες και που τους δίνει τη δυνατότητα να μετατρέψουν την τυπική, και μερικές φορές βαρετή, παρακολούθηση μιας ταινίας, σε θαυμαστή τελετουργία –και αυτό μέσα στο ίδιο τους το σπίτι.

Το σημείο επαφής με τους πελάτες μου είναι το πάθος μου για τον κινηματογράφο. Μεγάλωσα λατρεύοντας τον κινηματογράφο, απλώς γιατί η οικογένειά μου στην Ελλάδα δεν είχε τηλεόραση, μέχρι που έγινα αρκετά μεγάλος και έτσι δεν κινδύνευα πια να αποκτήσω εξάρτηση από αυτήν.

Θυμάμαι έντονα όταν ήμουν έξι χρονών, να ικετεύω τον παππού μου να μου διαβάσει τη στήλη των κινηματογράφων στην εφημερίδα. Στο κέντρο της Αθήνας, όπου γεννήθηκα, υπήρχαν αρκετές κινηματογραφικές αίθουσες. Ίσως να μην μπορούσαν να ανταγωνιστούν τις αντίστοιχες της Αμερικής, αλλά για μένα το «Παλλάς» στην οδό Βουκουρεστίου, το «Rex», το «Αττικόν», ο «Απόλλων» και ο «Ορφεύς» στην οδό Σταδίου, δεν ήταν μόνο βωμοί αφιερωμένοι στην τέχνη, αλλά το διαβατήριο για εξωτικούς κόσμους και διαφορετικούς τρόπους ζωής που κυριάρχησαν στο παιδικό μου μυαλό και ρίζωσαν στο υποσυνείδητό μου για πάντα.

Κάθε φορά που ένας πελάτης μου ζητάει να ζωντανέψω τη γλυκιά λάμψη των κινηματογράφων της νιότης του, φέρνω στα μάτια μου τον εαυτό μου καθισμένο στην κομψή αίθουσα του «Απόλλων», κυριολεκτικά μαγεμένο από τη λαμπρότητα και τη γοητεία του *West Side Story*, είτε πάλι σε ένα βελούδινο θεωρείο του «Παλλάς» να τρέμω σύγκορμος από φόβο, παρακολουθώντας τα *Πουλιά* του Χίτσκοκ.

Ακόμα, θυμάμαι πόσο έντονα επηρεαζόμουν, όχι μόνο από την ταινία στη μεγάλη οθόνη, αλλά και από όλη την αρχιτεκτονική ομορφιά της αίθουσας, έτσι καθώς αντιφέγγιζε από το αχνό φως της οθόνης. Από τότε, η κάθε ταινία είναι μια ανάμνηση αδιάσπαστα συνδεδεμένη με την ατμόσφαιρα της αίθουσας προβολής.

Πιστεύω ότι οι περισσότεροι από τους ανθρώπους που μεγάλωσαν βλέποντας ταινίες σε καλοφτιαγμένες κινηματογραφικές αίθουσες συμμερίζονται τα αισθήματά μου, έστω και αν δεν μπορούν πάντα να τα εκφράσουν. Γι΄ αυτούς, όπως και για μένα, το να πηγαίνουν στον κινηματογράφο σημαίνει κάτι πολύ βαθύτερο από μια ανάπαυλα από τα ψώνια στο εμπορικό κέντρο. Το να διαβάζεις μια φαντασμαγορική μαρκίζα, να προχωρείς σε ένα εξωτερικό χωλ που σε οδηγεί σε ένα μεγάλο φουαγιέ, να ανεβαίνεις τη μαρμάρινη σκάλα και από εκεί, μέσα από το καπνιστήριο, να φτάνεις στην αίθουσα προβολής, όπου, ακολουθώντας τις πτέρυγες Α, Β, Γ ή Δ, να βρίσκεσαι καθισμένος επιτέλους σε ένα αναπαυτικό κάθισμα, είναι η ιεροτελεστία που λείπει πια από τη ζωή μας. Με αυτήν την έννοια, αν και σε πολύ μικρότερη κλίμακα, ο ιδιωτικός κινηματογράφος έχει φέρει πίσω χαρές που πριν δεκαπέντε μόλις χρόνια θεωρούσαμε για πάντα χαμένες.

Το σημαντικότερο μάθημα που πήρα στα τελευταία έξι χρόνια είναι να αναγνωρίζω τις δεξιότητές μου και να προσπαθώ να τις βελτιώνω συνεχώς. Απέρριψα προτάσεις να σχεδιάσω σπίτια, απλώς και μόνο γιατί δεν ήθελα να συναγωνιστώ συναδέλφους που η σχεδίαση σπιτιών ήταν η αποκλειστική τους απασχόληση και αυτό τους έδινε το προβάδισμα. Περιορίστηκα στο να σχεδιάζω κινηματογράφους και ήμουν ευτυχής γι΄ αυτή μου την επιλογή, γιατί το να σχεδιάζεις έναν κινηματογράφο είναι το ίδιο σαν να σχεδιάζεις ένα σπίτι, μόνο που αυτό γίνεται σε μικρότερη, πιο ουσιαστική κλίμακα.

Το μόνο για το οποίο μετανιώνω είναι ότι κατά κάποιον τρόπο ενέδωσα στην εμπορευματοποίηση της δουλειάς μου, επαναλαμβάνοντας πρωτότυπα σχέδια στην κατασκευή των ιδιωτικών κινηματογράφων. Ίσως ήθελα να πάρω μόνο μια ανάσα προτού εμπνευστώ κάτι νέο και μοναδικό. Ίσως κιόλας πίστεψα ότι, επειδή η αγορά ήταν γεμάτη από αμφιβόλου γούστου ιδιωτικούς κινηματογράφους –αυτό που ονομάζουμε ετοιματζίδικο–, θα μπορούσα να επικρατήσω με τους δικούς μου που θα ήταν ωραιότεροι, έστω και τυποποιημένοι. Το μάθημα που εισέπραξα από αυτό το πείραμα ήταν ότι δεν μπορείς εύκολα, από επιχείρηση παροχής υπηρεσιών, να μετατραπείς σε βιομηχανία παραγωγής αγαθών. Εγώ είμαι φτιαγμένος για να επικοινωνώ απευθείας με τους πελάτες μου. Όταν μεταξύ μας άρχισαν να παρεμβάλλονται διάφοροι άλλοι παράγοντες, αυτή η αμφίδρομη σχέση διαλύθηκε και η μαγεία χάθηκε.

Αλλά «τίποτα δεν γίνεται χωρίς ρίσκο», συνηθίζεται να λέγεται. Αυτό το βιβλίο αποδεικνύει ότι τίποτα δε συγκρίνεται με έναν ιδιωτικό κινηματογράφο, με τη μαρκίζα του να σου κόβει την ανάσα, το κομψό φουαγιέ του, το χαριτωμένο ταμείο εισιτηρίων και τη φαντασμαγορική αίθουσα προβολής που σε «ταξιδεύει». Αυτό είναι που μιλάει στο συναίσθημα και, κατά τη γνώμη μου, αποτελεί την πεμπτουσία των «Κινηματογράφων του Ονείρου».

ΠΡΟΛΟΓΟΣ

Απο Τον Dean Koontz

Ο Θόδωρος Καλομοιράκης δεν κατασκευάζει ο ίδιος το ποπ κορν, αλλά, δημιουργώντας οποιονδήποτε από τους πανέμορφους και εντυπωσιακούς ιδιωτικούς κινηματογράφους, κάνει όλα τα άλλα. Εάν έφτιαχνε και το ποπ κορν, θα χρειαζόταν να κάνει έρευνα γύρω από το θέμα για τρεις μήνες, να ταξιδέψει σε όλο τον κόσμο για να βρει την καλύτερη μηχανή ποπ κορν, να διαθέσει ατελείωτες ώρες στη σωστή αναλογία των υλικών και να σχεδιάσει ένα νέο βελτιωμένο χώρο για τη διάθεσή του. Ο Θόδωρος είναι παθιασμένος με τη δουλειά του και ταγμένος στην αναζήτηση ενός ιδανικού ιδιωτικού κινηματογράφου που μοιάζει συνεχώς να του ξεφεύγει, αφού υπάρχει μόνο στα όνειρά του. Κάθε φορά που κατορθώνει να υλοποιεί ένα σχέδιο, όσο και αν το αποτέλεσμα είναι εντυπωσιακό, αυτό δεν ανταποκρίνεται ποτέ στην ιδανική εικόνα που έχει στο μυαλό του, και τότε ξεκινάει από την αρχή την ενθουσιώδη αναζήτησή του για την απλησίαστη τελειότητα.

Τον καταλαβαίνω απόλυτα. Η πεποίθηση ότι δεν έχεις παρά να τρέξεις λίγο πιο γρήγορα και να πηδήξεις έστω και μια σπιθαμή ψηλότερα, για να αγγίξεις το ιδανικό σου, αποτελεί την κινητήρια δύναμη για κάθε φιλόδοξο συγγραφέα, ζωγράφο ή σκηνοθέτη. Πρόκειται για ένα μάταιο κυνηγητό, γιατί δεν οδηγεί πουθενά. Ο κόσμος μας είναι έτσι φτιαγμένος, ώστε να μην μπορεί κανείς να αγγίξει την τελειότητα. Εξάλλου, ο καλλιτέχνης, μετά από κάθε του επιτυχία, ανεβάζει όλο και ψηλότερα τον πήχη, έτσι ώστε το αντικείμενο του πόθου του να παραμένει πάντα λίγες σπιθαμές μακριά από το χέρι του.

Και όμως, το κυνήγι της τελειότητας στην τέχνη, όσο και εάν αποτελεί μία μάταιη προσπάθεια, προσφέρει στιγμές ικανοποίησης και ψυχικής έξαρσης, διώχνει από τις ψυχές μας το σκοτάδι και μας ανοίγει καινούργιους δρόμους στη διαρκή αναζήτηση του ιδανικού μας.

Οι υπέροχες αίθουσες κινηματογράφου περασμένων εποχών, ιδιαίτερα αριστουργήματα Αρ Ντεκώ, όπως το Pantages Theater στο Los Angeles, έμειναν χαραγμένες στη μνήμη μας και αποτέλεσαν πηγή έμπνευσης, πολύ περισσότερο από ό,τι οι ταινίες που παίζονταν εκεί. Αντιπροσωπεύουν, σε τελευταία ανάλυση, το ανόθευτο και καθαρό όραμα του αρχιτέκτονα και των στενών συνεργατών του, ενώ στην ταινία, πολύ συχνά, το όραμα μπορεί να σβήσει και να χαθεί αν οι συνεργασίες ατυχήσουν και έτσι οδηγήσουν σε ένα εξίσου αποτυχημένο αποτέλεσμα.

Αυτήν τη λογική ακολουθεί και η δουλειά του Θόδωρου Καλομοιράκη. Οι εκπληκτικοί ιδιωτικοί κινηματογράφοι που δημιουργεί έχουν περισσότερη μαγεία, μυστήριο και χάρη από το 98% των ταινιών που προβάλλονται σε αυτούς. Δεν αποτελούν επομένως μόνο πηγή χαράς για τους ιδιοκτήτες τους, αλλά προσφέρουν υπηρεσίες στην κινηματογραφική τέχνη, με τον ίδιο τρόπο που ακόμα και ένα θαμπό διαμάντι, «δεμένο» σε κόσμημα από το Tiffany, μπορεί να λάμπει σαν το διαμάντι του Στέμματος.

Αυτό το βιβλίο μοιάζει με μια καραμέλα που μπορεί να γλυκάνει τη διάθεσή σας μια δύσκολη μέρα. Εκτός από αυτό, σας δίνει την ευκαιρία να ακολουθήσετε τον Θόδωρο Καλομοιράκη στην αναζήτηση του ιδανικού, να αισθανθείτε τη μαγεία του, καθώς υφαίνει ονειρικούς κόσμους με τη χρυσοκλωστή της δημιουργικής του σκέψης, και να ξαναζήσετε τη συγκίνηση των παλιών κινηματογραφικών αιθουσών, προτού αυτές συρρικνωθούν σε σπιρτόκουτα, όπου και η πιο σπουδαία ταινία αδικείται από το χώρο στον οποίον προβάλλεται. Ο Θόδωρος είναι ταγμένος όχι μόνο στην αναζήτηση του ιδανικού, αλλά και στη διάσωση της παράδοσης του θεατρικού σχεδίου. Είναι εξάλλου πάντα γοητευτική μια βόλτα με κάποιον που έχει κατά νου ένα σπουδαίο προορισμό και ξέρει να κρατάει γερά το τιμόνι.

ΣΤΟ ΠΑΡΑΣΚΗΝΙΟ

ΤΑ ΣΤΟΙΧΕΙΑ ΠΟΥ ΠΑΡΑΓΟΥΝ ΜΕΓΑΛΕΙΩΔΗ ΕΙΚΟΝΑ ΚΑΙ ΗΧΟ ΑΚΟΛΟΥΘΟΥΝ ΤΟ ΔΙΚΟ ΤΟΥΣ ΣΕΝΑΡΙΟ

Όταν βλέπεις ιδιωτικούς κινηματογράφους, ιδιαίτερα αυτούς που κοσμούν τις σελίδες αυτού του βιβλίου, εύκολα εντυπωσιάζεσαι από τον ιδιαίτερο χαρακτήρα τους και το πόσο θυμίζουν αίθουσες περασμένων εποχών, ή απηχούν τις σύγχρονες τάσεις της τέχνης, ή ακόμα δίνουν μία νέα οπτική του μέλλοντος.

Αλλά τίποτα απ΄ όλα αυτά δε θα συνέβαινε χωρίς την τεχνολογία που λειτουργεί παρασκηνιακά για την παραγωγή εξαιρετικής ποιότητας ήχου και εικόνας. Χωρίς αυτά τα μέσα, δε θα μπορούσαμε να απολαύσουμε εικόνες με τόση ομορφιά, που ξυπνούν τη φαντασία, και δε θα συλλαμβάναμε τους ήχους που μας οδηγούν στο κέντρο της δράσης και μας κάνουν να νιώθουμε ότι συμμετέχουμε σ' αυτή.

Όπως ακριβώς συμβαίνει σε μια κινηματογραφική ταινία, αυτά τα πράγματα δεν είναι ποτέ τόσο εύκολα όσο φαίνονται. Στην ταινία, ο βραβευμένος ηθοποιός προσφέρει μια αξέχαστη ερμηνεία, όπου κυριαρχούν η χάρη, η γοητεία και το πνεύμα. Ο θεατής όμως δεν είναι σε θέση να συνειδητοποιήσει το μέγεθος της δουλειάς που έχει απαιτηθεί γι΄ αυτά τα λίγα δευτερόλεπτα, ξεκινώντας από τους συγγραφείς των διαλόγων και καταλήγοντας στις εξαντλητικές πρόβες των ηθοποιών. Στο μεταξύ, οι τεχνικοί στο παρασκήνιο τοποθετούν τα μικρόφωνα, χειρίζονται τις μηχανές λήψης και φροντίζουν τους ηθοποιούς, επιλέγοντας το σωστό μέικ απ και χτένισμα, δίνοντάς τους έτσι την απαραίτητη αυτοπεποίθηση, για να δημιουργήσουν τη μαγική ψευδαίσθηση για όλους εμάς.

Φέρατε ένα DVD στο σπίτι σας, έτοιμοι να το απολαύσετε. Για να ζήσετε αυτήν την εμπειρία σε όλη της την έκταση, είναι απαραίτητο ένα άλλο είδος παραγωγής. Ο κάμεραμαν αντικαθίσταται από ένα μηχάνημα προβολής βίντεο, οι χειριστές του ήχου από μια σειρά μεγάφωνα και ενισχυτές, καθώς και άλλα ηλεκτρονικά εξαρτήματα, ο σκηνοθέτης από λεπτεπίλεπτα ηλεκτρονικά όργανα που δίνουν εντολές για φώτα, κάμερα και δράση. Πρόκειται για ένα «μπαλέτο ακρίβειας» που επιτρέπει τον τέλειο συγχρονισμό όλων των παραγό-

Η τεχνολογία του ιδιωτικού κινηματογράφου μεσουρανεί στις μέρες μας. Αυτό το τοξοειδές σύστημα λαμπτήρων (δεξιά) από προβολέα βίντεο της κατασκευάστριας Runco International περιέχει ένα λαμπτήρα xenon, ισχύος 700 watt, ικανό να φωτίσει μια οθόνη δέκα περίπου μέτρων.

ντων που, εάν γίνει σωστά, θα δώσει ένα αρμονικό αποτέλεσμα, όπως ακριβώς το είχε φανταστεί ο σκηνοθέτης.

Τώρα, πολλαπλασιάστε χιλιάδες φορές τις κινήσεις των «χορευτών του μπαλέτου» και θα έχετε όλες τις προϋποθέσεις για να απολαύσετε μία ταινία σε όλο της το μεγαλείο, στο χώρο ενός ιδιωτικού κινηματογράφου. Οι τεχνολογικοί παράγοντες που κρύβονται πίσω από έναν καλό κινηματογράφο θα μπορούσαμε να πούμε ότι ακολουθούν το δικό τους σενάριο...

Τη μεγάλη αίθουσα προβολής αντικαθιστά ένας ιδιωτικός χώρος, που ποικίλλει: από πολυτελής και εξεζητημένος, μέχρι εντελώς απέριττος, με άνετα καθίσματα για την οικογένεια και τους φίλους.

Οι παράγοντες που εξασφαλίζουν το αποτέλεσμα είναι ένα σύνολο οπτικοακουστικών συστημάτων, από τον προβολέα βίντεο ή το μόνιτορ, μέχρι τα μεγάφωνα και τους ενισχυτές, καταλήγοντας στους επεξεργαστές ήχου και εικόνας και στα συστήματα ελέγχου, που είναι σε θέση ακόμα και να αυξομειώνουν την ένταση του φωτισμού, ανάλογα με την περίπτωση.

Από όλα αυτά συμπεραίνουμε ότι ο οπτικοακουστικός εξοπλισμός πρέπει να λειτουργεί έτσι, ώστε οι εικόνες και οι ήχοι μιας ταινίας να αποδίδονται με ευχάριστο και απολύτως συγχρονισμένο τρόπο, σύμφωνα με την πρόθεση του σκηνοθέτη.

Και η παράσταση αρχίζει με το πάτημα ενός κουμπιού στο remote control και...

(τα φώτα χαμηλώνουν)

Το μηχάνημα DVD, το οπτικοακουστικό σύστημα και οι ενισχυτές μπαίνουν σε λειτουργία, ο προβολέας βίντεο μπαίνει κι αυτός σε λειτουργία και ίσως ακουστεί ο ήχος κάποιας σάλπιγγας.

Η πρώτη εικόνα ταξιδεύει το κοινό σε άλλη διάσταση, σ΄ ένα νέο κόσμο ανομολόγητων υποσχέσεων, ενώ το ακουστικό σύστημα τροφοδοτεί την εικόνα με ήχους τόσο ρεαλιστικούς, ώστε να αφαιρούν και την παραμικρή υποψία ότι η δράση ανήκει μόνο στη σφαίρα της φαντασίας.

Στο παρασκήνιο όμως, το ενδεχόμενο της ασυμβατότητας καραδοκεί και είναι τόσο απρόβλεπτο, όσο και η επόμενη σκηνή ενός θρίλερ με πλούσια πλοκή. Τα πολλαπλά διακοσμητικά στοιχεία ενός ιδιωτικού κινηματογράφου είναι δυνατόν να αποβούν σε βάρος της απόδοσης του οπτικοακουστικού συστήματος. Κολόνες και άλλου είδους ντεκόρ ενδεχομένως να αποτελέσουν εμπόδιο στη σωστή τοποθέτηση των ηχείων. Σκληρές επιφάνειες από ξύλο ή γυαλί μπορεί να επιστρέφουν έναν ήχο τραχύ και ενοχλητικό. Ζωηρά χρώματα μπορεί να αντικατοπτρίζονται πάνω στην οθόνη, αλλοιώνοντας την εικόνα.

Ο διάκοσμος ενός ιδιωτικού κινηματογράφου μπορεί σίγουρα να δημιουργήσει την ατμόσφαιρα για τη μεγάλη σας απόδραση σ΄ ένα διαφορετικό κόσμο, ακόμα και να σας μεταφέρει αστραπιαία σε έναν άλλο χωροχρόνο. Όλα αυτά όμως χάνονται όταν χαμηλώνουν τα φώτα. «Τα κυριότερα συστατικά για μένα είναι μια καθαρή εικόνα και ένας πιστός ήχος», λέει ο Θόδωρος Καλομοιράκης. «Το ντεκόρ δεν είναι τίποτα άλλο παρά το περιτύλιγμα της τεχνολογίας».

Αυτό δε σημαίνει ότι πρέπει κάποιος να είναι εξαρτημένος μόνο από την τεχνολογία, για να αισθανθεί την απόλαυση ενός καλού ιδιωτικού κινηματογράφου. Αυτό που μετράει τελικά είναι το συνολικό αποτέλεσμα και κατά πόσον αυτό τον ικανοποιεί. Εκεί έγκειται η ουσία.

Ο Sam Runco, ιδιοκτήτης βιομηχανίας που παράγει προβολείς βίντεο, επί χρόνια προβληματιζόταν για τη θέση του προβολέα βίντεο, εάν δηλαδή θα έπρεπε να είναι προσαρμοσμένος στο δάπεδο ή να κρέμεται από την οροφή. Τότε έκανε την ακόλουθη σκέψη: «Το ραδιόφωνο είχε κάποτε τη θέση του στο δωμάτιο, η τηλεόραση κάπου στο κέντρο, ενώ τώρα η προσοχή επικεντρώνεται όχι στη θέση που είναι τοποθετημένος ο προβολέας, αλλά στην εικόνα που εμφανίζεται στην οθόνη», λέει ο Runco.

Οι επιλογές που υπάρχουν σήμερα σε βίντεο είναι εκπληκτικές. Μπορείς να πάρεις ακριβούς προβολείς του τύπου Cathode-Ray-Tube (CRT) που δίνουν εικόνες όπως του κινηματογράφου, ή να προτιμήσεις την τελευταία λέξη στην τεχνολογία προβολέων βίντεο, του τύπου Digital Light Processing (DLP) που αποδίδουν ζωηρές, φωτεινές εικόνες. Καθημερινά ξεπηδά νέα τεχνολογία γύρω από την ψηφιακή προβολή.

Ακόμα και περιορισμένου εμβαδού αίθουσες μπορούν να διαθέτουν μεγάλες οθόνες, με δυνατότητα επιλογής τηλεοράσεων που εκπέμπουν από το πίσω μέρος της αίθουσας ή μόνιτορ που κρέμονται στον τοίχο και έχουν πάχος μόλις μερικών εκατοστών, ή ακόμα και συμβατικές τηλεοράσεις. Σε κάθε περίπτωση, η ανακάλυψη του συστήματος τηλεόρασης υψηλής πιστότητας (HDTV) θα προσδώσει στις εικόνες καθαρότητα και διαύγεια, σε σημείο που κάποιος να ορκίζεται ότι είναι αληθινές.

Μια ανάλογη επανάσταση, την τελευταία δεκαετία, έχει πραγματοποιηθεί σ΄ ό,τι αφορά την ακουστική του ιδιωτικού κινηματογράφου, που έχει διανύσει μια πορεία από την απλή τηλεόραση ή το βίντεο, συνδεδεμένα με ένα ζευγάρι στερεοφωνικά ηχεία, έως μια σειρά από ηχεία ικανά να παράγουν ήχο με τέτοια πιστότητα, που κάποιος να έχει την αίσθηση ότι συμμετέχει στη δράση, όπως θα συνέβαινε και στη ζωή.

Με ένα καλό ηχητικό σύστημα συλλαμβάνει κανείς με απόλυτα ρεαλιστικό τρόπο όχι μόνο τα ειδικά εφέ, όπως εκρήξεις και βουητά, αλλά και τον πιο σιγανό διάλογο, έτσι όπως βγαίνει από τα χείλη των ηθοποιών, τους γρύλλους να τιτιβίζουν στις βραδινές σκηνές ή τον ήχο του αυτοκινήτου και του αεροπλάνου, καθώς σβήνει και χάνεται.

Σήμερα, υπάρχει στην αγορά πλήθος συστημάτων πολλαπλών ηχείων, όπως αυτό που αναφέρεται ως 5,1 (πέντε πλήρη κανάλια και ένα subwoofer –μονάδα αναπαραγωγής χαμηλών συχνοτήτων, για βαθείς, χαμηλούς ήχους) ή 7,1 (επτά κανάλια και ένα subwoofers), ή ακόμα και δέκα κύρια κανάλια και τριάντα subwoofer. Και με την εμφάνιση του πολυκάναλου ακουστικού συστήματος που χρησιμοποιεί πολλαπλά κανάλια για να εγγράψει και να μεταδώσει τον ήχο σε δίσκους DVD-Audio (DVD-A) και Super Audio CD (SACD), θα μπορούσε κάποιος να απολαύσει ένα κονσέρτο στο σπίτι του, τόσο ζωντανό, σαν να βρισκόταν σε αίθουσα συναυλιών.

Η «ποιότητα του ήχου στο σπίτι σας μπορεί να ξεπεράσει σε πιστότητα ακόμα και τον ήχο σε μια ζωντανή συναυλία», λέει ο Brian Barr, διευθυντής της εταιρείας κατασκευής μεγαφώνων California Audio Technology (CAT).

Στο σπίτι μπορεί κανείς να απολαύσει ένα κονσέρτο τζαζ ή μία συμφωνία, ακούγοντας και την παραμικρή λεπτομέρεια, ενώ σε ένα κλαμπ, όπου παίζεται τζαζ, ή σε μία αίθουσα συναυλίας, τα όργανα ακούγονται δυνατότερα ή χαμηλότερα, ανάλογα με το πού κάθεται ο καθένας».

Όλα αυτά τα ηχεία στο χώρο του ιδιωτικού κινηματογράφου χρειάζονται επίσης ενίσχυση. Εδώ υπεισέρχεται ο ρόλος του ενισχυτή. Βασικά, οι ενισχυτές τροφοδοτούν τα ηχεία με το ανάλογο ηλεκτρικό φορτίο, ώστε να μεταδώσουν σωστά τον ήχο. Αλλά και στους ενισχυτές υπάρχουν κατηγορίες. «Ένας καλός ενισχυτής είναι σε θέση να κρατήσει την τάση σταθερή για μια χρονική περίοδο αυξημένων αναγκών, όταν αναπτύσσεται δράση στην ταινία ή σε μια μουσική παράσταση», λέει ο Greg Margolis, πρόεδρος της Hometronics με ειδίκευση στην εγκατάσταση ακουστικών συστημάτων σε ιδιωτικούς χώρους.

Στις περισσότερες περιπτώσεις, κανένα από αυτά τα «μαγικά» ακουστικά συστήματα δε θα λειτουργούσε χωρίς ακουστική ισορροπία. Για να επιτευχθεί αυτή η ισορροπία, χρειάζεται να τοποθετηθούν σε συγκεκριμένα σημεία μέσα στην αίθουσα υλικά που απορροφούν ή διαχέουν τον ήχο, έτσι που ο ήχος να είναι πιο ισορροπημένος και φυσικός, συμβουλεύει ο μηχανικός ακουστικής Steven Haas. Και το σημαντικότερο: τα συστήματα ελέγχου είναι το μέσο για να χρησιμοποιεί κάποιος όλα τα οπτικοακουστικά μηχανήματα, χωρίς τη χρήση διαφόρων τηλεχειριστηρίων.

Και εδώ γίνεται μια επανάσταση που ονομάζεται IP έλεγχος (για το πρωτόκολλο του Internet) που βασικά επιτρέπει σε κάποιον να βάζει σε λειτουργία τον ιδιωτικό κινηματογράφο και τον ηλεκτρονικό εξοπλισμό του σπιτιού του, με τον ίδιο τρόπο που σερφάρει στις σελίδες του Διεθνούς Δικτύου (World Wide Web) και χωρίς τη χρονοβόρα αναμονή που οφείλεται σε χαμηλή φόρτιση.

Τα συστήματα ελέγχου προσφέρουν σήμερα στον κόσμο πολλαπλές εναλλακτικές λύσεις. «Μπορεί να έχεις ό,τι θέλεις, όταν το θέλεις και όπως το θέλεις», λέει ο Dan Kippycash της Xplore Solutions, μιας εταιρείας που παράγει συστήματα ελέγχου, βασισμένα στο διαδίκτυο.

Και εδώ φτάνουμε στο πιο ενδιαφέρον σημείο της ιστορίας. Τεχνολογικά επιτεύγματα, όπως τα οικιακά συστήματα ελέγχου μέσω διαδικτύου, οι προβολείς DLP και τα ακουστικά συστήματα περιβάλλοντος χώρου κάνουν τους ιδιωτικούς κινηματογράφους πολύ πιο προσιτούς για τον καθένα, από κάθε άποψη.

Σε τελευταία ανάλυση, ο ιδιωτικός κινηματογράφος δε θα είχε γίνει πραγματικότητα, χωρίς τη διάδοση των VCR στη δεκαετία του 1980, που με τις βιντεοταινίες έδωσαν τη δυνατότητα στο κοινό να παρακολουθεί κινηματογραφικές ταινίες μέσα στο σπίτι του, έτσι ώστε να παίρνει μια γεύση αλλοτινού Χόλλυγουντ, όπως ακριβώς έκαναν οι μεγάλοι κινηματογραφικοί παραγωγοί, καθισμένοι στις αναπαυτικές πολυθρόνες του ιδιωτικού τους κινηματογράφου στις βίλες του Χόλλυγουντ.

«Είναι μία μόδα που αποκτά όλο και περισσότερους οπαδούς· οι άνθρωποι που χτίζουν σπίτια περιλαμβάνουν και τον ιδιωτικό κινηματογράφο στην υποθήκη για την εξόφληση του δανείου τους, άλλωστε είναι υπερβολικά απλό για να μην το κάνουν», λέει ο Sam Runco. «Και ό,τι έχει σχέση με νέες κατασκευές σπιτιών, μοιραία οδηγεί στην αύξηση του ενδιαφέροντος για τον ιδιωτικό κινηματογράφο». Αυτό είναι καλό για όλους.

Το σύντομο κείμενό μας για τον ιδιωτικό κινηματογράφο πλησιάζει στο τέλος του. Όλα τα τεχνικά στοιχεία συνεργάστηκαν αρμονικά, ώστε να δημιουργηθεί μία απολαυστική εμπειρία. Στην πραγματικότητα πάντως, αυτό το τέλος δεν είναι παρά η αρχή για ένα νοερό ταξίδι φυγής από την καθημερινότητα, με τα φτερά που προσφέρει στον καθένα μας ένας ιδιωτικός κινηματογράφος.

Αυτό το ακουστικό μηχανικό διάγραμμα από την California Audio Technology (CAT) αποδεικνύει πώς μία επιτυχημένη διάταξη μεγαφώνων μπορεί να εκπέμπει ακριβή και ομοιόμορφο ήχο προς όλα τα σημεία.

ΚΙΝΗΜΑΤΟΓΡΑΦΟΙ ΤΟΥ ΟΝΕΙΡΟΥ

ΚΙΝΗΜΑΤΟΓΡΑΦΟΙ ΤΟΥ ΟΝΕΙΡΟΥ

ΠΑΡΟΥΣΙΑΣΗ ΤΩΝ ΚΙΝΗΜΑΤΟΓΡΑΦΩΝ

Ένας καλός ιδιωτικός κινηματογράφος είναι κάτι πολύ περισσότερο από ένα μέρος όπου βλέπουμε ταινίες και παρακολουθούμε τηλεόραση. Είναι κάτι πολύ περισσότερο από ηλεκρονικά συστήματα που παράγουν ζωντανό ήχο και εικόνα. Αυτό είναι που κάνει τον Καλομοιράκη να ξεχωρίζει. Από τη στιγμή που θα μπούμε σ΄ έναν από τους κινηματογράφους του, μεταφερόμαστε αυτόματα σ΄ έναν άλλο χωροχρόνο που συνοδεύεται από το ανάλογο σκηνικό, για την παρακολούθηση μιας μεγάλης ταινίας.

Ο κάθε κινηματογράφος, ωστόσο, αποτελεί μια μοναδική προσωπική κατάθεση που αντικατοπτρίζει τις αξίες, τα ιδανικά και τα όνειρα των ανθρώπων, πίσω από αυτά.

Ένας κινηματογράφος ζωντανεύει τη μεγαλοπρέπεια μιας περασμένης εποχής, ενώ ένας άλλος μάς γυρίζει πίσω σε πιο ήρεμες εποχές, στην Αγγλία του τέλους του 19ου αιώνα, και ακόμα ένας άλλος μάς κάνει να ξαναζούμε τη λάμψη του παλιού Χόλλυγουντ.

Ένας ιδιοκτήτης κινηματογράφου στο Λας Βέγκας προτιμάει να επιστρέφει σ΄ έναν αρχαίο πολιτισμό, ενώ ένα ζευγάρι από τη Γεωργία μεταφέρεται στην ιταλική ύπαιθρο και μια καλιφορνέζικη οικογένεια τιμά το μαυριτανικό ρυθμό. Ένας συνταξιούχος του μπέιζμπολ απολαμβάνει ένα διαχρονικό γήπεδο, ενώ ένας άλλος πρώην σταρ του μπέιζμπολ χαίρεται τα δειλινά της ακτής του Μαϊάμι, παρ' όλο που βρίσκεται μίλια μακριά. Ένας κινηματογράφος στεγάζει σπουδαία έργα τέχνης, ενώ ένας άλλος είναι από μόνος του ένα έργο μοντέρνας τέχνης.

Εξάλλου, αυτοί οι κινηματογράφοι φέρνουν τους ανθρώπους πιο κοντά, όπως π.χ. ένας φουτουριστικός κινηματογράφος που αποτελεί τη χαρά μιας πολυμελούς οικογένειας. Ένας άλλος σύγχρονος κινηματογράφος ενώνει ξανά μία σκόρπια οικογένεια. Η κατασκευή ενός άλλου κινηματογράφου έκανε ένα ζευγάρι να συνειδητοποιήσει ότι είχε τελικά βρει μια πραγματικά στοργική μεγάλη οικογένεια στους ανθρώπους που βοήθησαν στην κατασκευή του.

Αυτοί οι κινηματογράφοι είναι κάψουλες χρόνου, μηχανές χρόνου –κάψουλες και μηχανές σωστής αξιοποίησης του χρόνου– και πάνω απ΄ όλα είναι το μέσο για να εκφράσουν οι ιδιοκτήτες τους τα υπέροχα ζωηρά όνειρα και τα ιδανικά τους. Και αυτό είναι που κάνει αυτούς τους κινηματογράφους φανταστικούς.

KIEV

Η ΔΟΞΑ ΤΗΣ ΠΑΛΙΑΣ ΡΩΣΙΑΣ ΑΝΑΒΙΩΝΕΙ ΜΕ ΓΟΗΤΕΙΑ ΟΠΕΡΑΣ

Μόλις πατήσουν το πόδι τους στον κινηματογράφο, οι καλεσμένοι αυτής της ουκρανικής «ντάτσας» αισθάνονται ότι πρόκειται να βιώσουν μια ξεχωριστή εμπειρία. Αυτό που θα πρωτοαντικρίσουν είναι το ρουμπινί σε όλες τις αποχρώσεις, πολυτελή μάρμαρα και σκαλιστές αρχιτεκτονικές λεπτομέρειες κάθε είδους. Η οροφή υψώνεται πάνω από την αψίδα της εισόδου με φατνώματα όπου κυριαρχεί ο φυτικός διάκοσμος από φύλλα χρυσού· μοιάζουν με ανοίγματα σ' ένα ανέφελο στερέωμα. Γιρλάντες κοσμούν με χάρη τον κεντρικό θόλο του λόμπυ και τα πολύφωτα μοιάζουν με φύλλα αναρριχητικών φυτών. Τα πορτρέτα των κινηματογραφικών ειδώλων Τζιν Χάρλοου και Γκρέτα Γκάρμπο γνέφουν στους καλεσμένους από ένα άνοιγμα, πλαισιωμένο από κολόνες με χρυσαφένιες λάμψεις.

Αστραπιαία, τα πάντα ξεχνιούνται, γιατί τα λόγια δεν μπορούν να περιγράψουν αυτό που πρόκειται να ακολουθήσει. Βρισκόμαστε σε ένα παλάτι, σε μια εποχή μεγαλοπρέπειας και άνεσης που συμβολίζει το θρίαμβο του πολιτισμένου ανθρώπου και των επιτευγμάτων του, την αποθέωση της τέχνης και της ικανότητας για δημιουργία και ευημερία, καθώς και τη διαρκή αναζήτηση νέων συναρπαστικών στόχων.

Όπως και κάθε προσκεκλημένος σε ένα παλάτι, κανείς δεν μπορεί να αποστρέψει το βλέμμα από τον πλούσιο φυτικό διάκοσμο του παραδείσιου θόλου. Ο χρυσός κυριαρχεί στο διάκοσμο των μεταλλίων της οροφής, στα διακοσμημένα με μετάξι πλαίσια, στον κοίλο θόλο και στο χρυσαφί πατιναρισμένο πλαίσιο του προσκηνίου, αντάξιου ενός βασιλιά. Κατά μήκος των τοίχων, κολόνες ιωνικού ρυθμού μοιάζουν με φρουρούς μιας ατελείωτης σειράς από αψίδες διακοσμημένες με μεταξωτά υφάσματα και επιδέξια τοποθετημένα μετάλλια, που επιστέφονται με γείσο από οδοντωτά διακοσμητικά στοιχεία.

Δεν υπάρχει αμφιβολία ότι πρόκειται να μπείτε σε έναν ξεχωριστό χώρο, όπου κυριαρχούν η κομψότητα και η μεγαλοπρέπεια και που κρύβει ανεξάντλητες δυνατότητες.

Τα διακοσμημένα κιονόκρανα της εισόδου,
που θα μπορούσαν να προέρχονται από ένα μέγαρο της Αγίας Πετρούπολης,
αποκαλύπτουν την πρόθεση να δημιουργηθεί κάτι πέρα και πάνω από την παράδοση

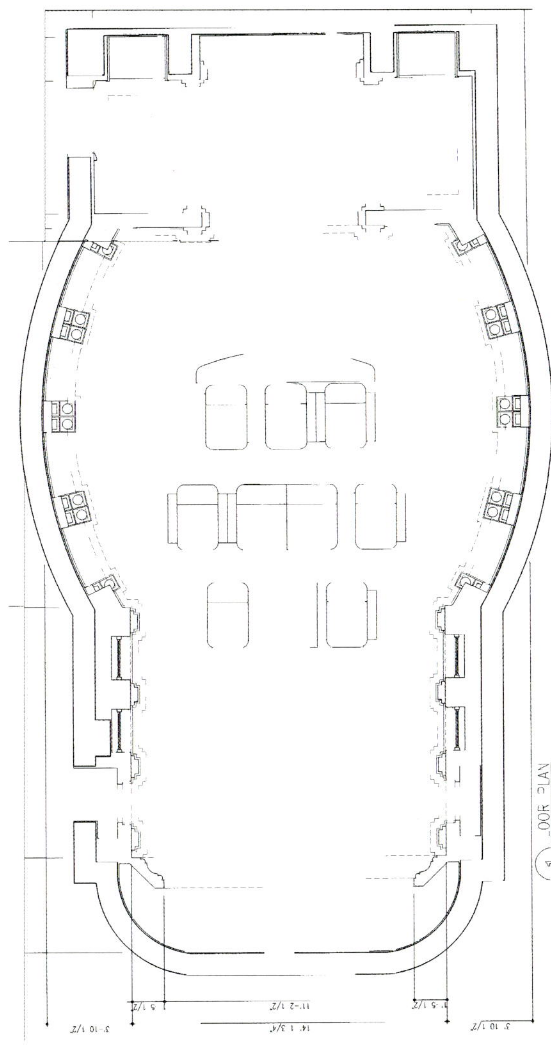

Στο μέσο της αίθουσας κρέμεται ένας πολυέλαιος από μπρούντζο και κρύσταλλο που αποτελεί το συνδετικό κρίκο ανάμεσα στα υπόλοιπα διακοσμητικά στοιχεία. Τα κεριά που φωτίζουν το θόλο, με τη βοήθεια του πλούσιου κρυστάλλινου διακόσμου, αντανακλούν το φως προς την αντίθετη κατεύθυνση, τονίζοντας έτσι όλο τον πλούτο και τη χάρη αυτού του χώρου, προκαλώντας μας, θα λέγαμε, να νιώσουμε δέος μπροστά σ΄ αυτήν την ομορφιά.

Και όπως συμβαίνει σε ένα αληθινό παλάτι, αυτός ο χώρος είναι γέννημα οικονομικής ευρωστίας και δημιουργικής φαντασίας. «Ήθελα να παρουσιάσω μια αλληγορία, να δείξω ότι όλα αυτά κάποτε υπήρξαν», δηλώνει ο προηγούμενος ιδιοκτήτης του κινηματογράφου Dan Mysko, ο οποίος διάλεξε για την ανακαίνιση της ουκρανικής εξοχικής κατοικίας το υπεραισιόδοξο αλλά και μεγαλόπρεπο στιλ Μπελ Επόκ, που θυμίζει τα ανάκτορα της Αγίας Πετρούπολης.

Ο Mysko, γεννημένος στην Ουκρανία, κάτοικος της πόλης Aspen στο Colorado των ΗΠΑ, διηύθυνε τις εργασίες για τη δαπανηρή ανακαίνιση, ενώ παράλληλα υπηρετούσε ως σύμβουλος του προέδρου της Ουκρανίας στη δεκαετία του 1990, μετά τη διάλυση της Σοβιετικής Ένωσης. Ήταν μια νέα εποχή, μια εποχή προσμονής, γεμάτη υποσχέσεις για ευημερία.

Ντόπιοι τεχνίτες βοήθησαν στη σχεδίαση λεπτομερειών της οροφής και των τοίχων, κάνοντας υποδείξεις για το πώς να αποδοθούν τα φυτικά σχέδια στις περίτεχνες γιρλάντες (δεξιά).

Γοητευτικός παντού ο χώρος, από τις λεπτές γραμμές του θολωτού λόμπυ (αριστερά), τον κομψό πολυέλαιο και τα κρόσια στις κουρτίνες έως και τις περίτεχνες λεπτομέρειες της οροφής.

Η «ντάτσα», χωρίς ιδιαίτερη αρχιτεκτονική μορφή, είχε χρησιμοποιηθεί ως καταφύγιο από κάποιους πρώην Σοβιετικούς ηγέτες, από την εποχή του Στάλιν. Ένα κουβούκλιο προβολής και ένας προβολέας των 35mm, προφανώς για την προβολή προπαγανδιστικών ταινιών, είχαν βρεθεί στο χώρο όπου σήμερα είναι το καθιστικό. Ο Mysko πρόσθεσε ένα χώρο για κινηματογράφο – ένα δωμάτιο φτιαγμένο από μπετόν-αρμέ– και σχεδίαζε, όπως έλεγε, να εγκαταστήσει εκεί ένα «λιτό, παλιομοδίτικο κινηματογράφο».

Αυτό το σχέδιο όμως άλλαξε, όταν μια ομάδα από ντόπιους τεχνίτες, γλύπτες και ζωγράφους πήραν στα χέρια τους τα σχέδια του Καλομοιράκη και εργάστηκαν στην ντάτσα και στον κινηματογράφο της, κατασκευάζοντας τα κιονόκρανα και άλλα αρχιτεκτονικά μέλη, ζωγραφίζοντας τα διακοσμητικά φυτικά μοτίβα στους τοίχους και στην οροφή, καλύπτοντάς τα με φύλλα χρυσού, κάνοντας ακόμα και προτάσεις για το σχεδιασμό, ώστε να γίνει η σωστή αναπαράσταση του τοπικού ρυθμού και γούστου. Το κόστος για την κατασκευή ενός τέτοιου κινηματογράφου οπουδήποτε αλλού θα ήταν απαγορευτικό.

Κατά τη διάρκεια της κατασκευής χρειάστηκε να αντιμετωπιστούν αρκετά προβλήματα ήχου. Για παράδειγμα, οι καμπύλοι τοίχοι και ο θόλος δημιουργούσαν αντήχηση που έπρεπε να αντιμετωπιστεί ακουστικά. Η λύση ήταν να δημιουργηθεί ένας θόλος μέσα στο θόλο, μερικά μέτρα κάτω από την τσιμεντένια κατασκευή, και να γεμίσει το κενό με υλικά που θα βοηθούσαν να εξαλειφθεί η αντήχηση. Μερικά από αυτά, όπως το ινδικό μετάξι που χρησιμοποιήθηκε στα φατνώματα της οροφής, δεν ήταν δυνατό να βρεθούν στην ντόπια αγορά, με αποτέλεσμα να αγοραστούν σε μέρη όπως η Νέα Υόρκη και να μεταφερθούν στη μακρινή Ουκρανία. Ακόμα και το σχέδιο για τα διακοσμητικά κιονόκρανα στις κολόνες της εισόδου ήταν εμπνευσμένο από εκείνα που βρίσκονται στο θέατρο Shubert στη Νέα Υόρκη. Συνολικά, το έργο κράτησε τέσσερα χρόνια, γιατί όλοι όσοι εργάστηκαν – από τους σχεδιαστές ώς τους τεχνίτες– ήθελαν να είναι σωστοί και συνεπείς, γνωρίζοντας ότι δουλεύουν για κάτι το ξεχωριστό.

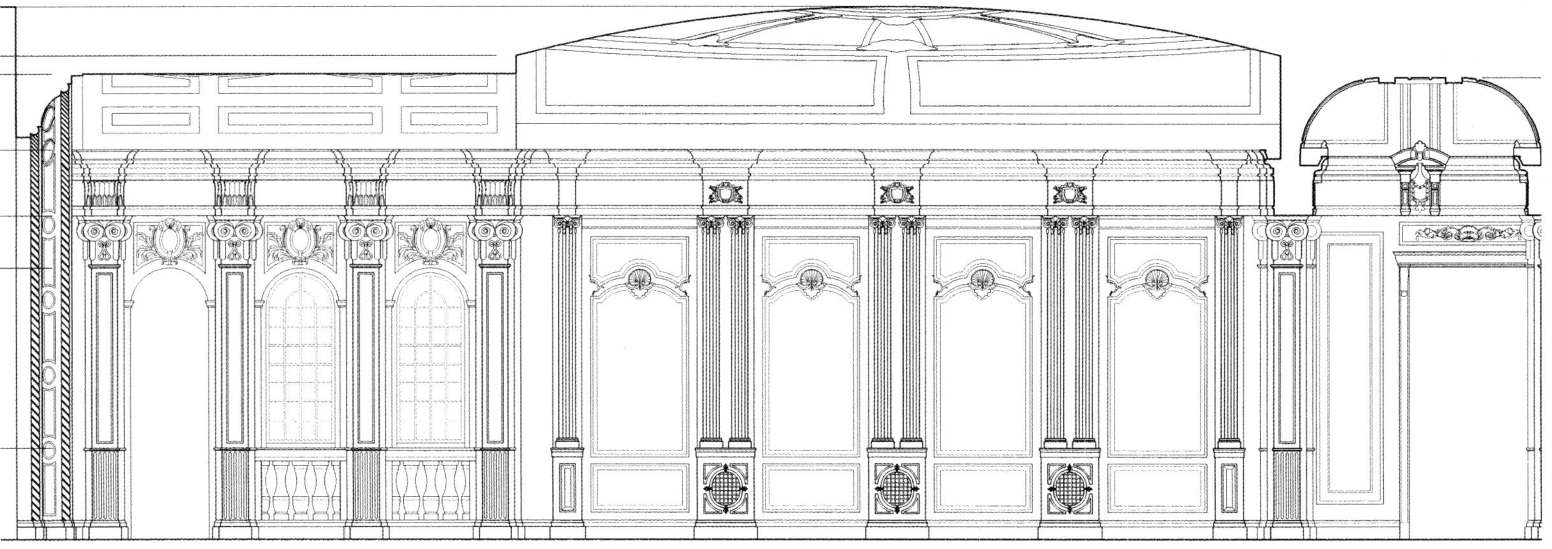

Ο Mysko, αν και κατά καιρούς φιλοξενεί περιστασιακούς καλεσμένους, ήθελε τον κινηματογράφο κυρίως για τον εαυτό του. «Εκείνη την εποχή δεν υπήρχαν πολλοί τρόποι ψυχαγωγίας εδώ», λέει, «και εγώ είμαι λάτρης των κλασικών ταινιών».

Ο Mysko έτρεφε επίσης ιδιαίτερη εκτίμηση για τις κλασικές αίθουσες κινηματογράφου. «Αυτό που μου αρέσει περισσότερο σ΄ αυτόν τον κινηματογράφο είναι το πόσο εντυπωσιάζεσαι όταν μπαίνεις και αντικρίζεις όλο αυτόν τον πλούτο», λέει. «Για μένα, προσωπικά, ο κινηματογράφος είναι φαντασία. Είναι για τους ανθρώπους της εποχής μια απόδραση, όπως ήταν και οι κινηματογράφοι του παλιού καιρού που αποτελούσαν έναν τρόπο φυγής από την πραγματικότητα».

Η φυγή του Mysko στο χώρο της φαντασίας είχε ανάγκη από περισσότερη σκηνοθεσία. Τα χρυσά μετάλλια στην οροφή κρύβουν φωτιστικά που φωτίζουν το θόλο και, καθώς τα φώτα χαμηλώνουν, ακούγεται το μουσικό θέμα της 20th Century Fox που προαναγγέλλει την έναρξη της ταινίας.

Τα μετάλλια ανάμεσα στα φατνώματα φωτίζουν υπέροχα την οροφή, γοητεύοντας τους επισκέπτες

Αξέχαστη όμως στιγμή για τον Mysko ήταν όταν παρακολούθησε τη διαχρονική *Καζαμπλάνκα* στην οθόνη των 130 ιντσών. «Είχα την αίσθηση ότι βρισκόμουν στην αίθουσα ενός παλιού κινηματογράφου», θυμάται ο Mysko. Και ήταν φυσικό ένας τέτοιος κινηματογράφος να φιλοξενεί αυτό το σπαρακτικό ρομάντζο που διαδραματίζεται σε κάποια ξένη χώρα, όπου η διεθνής πολιτική παίζει καταλυτικό ρόλο στην πλοκή και σφραγίζει την προσωπική δοκιμασία του καθενός, ενώ παράλληλα αναδεικνύεται το διαχρονικό ανθρώπινο πνεύμα.

Εκκεντρικότητα; Ίσως, όπως συμβαίνει με όλους τους μεγαλοπρεπείς κινηματογράφους που έχουν κάτι από τη μαγεία του Οζ, με τη διαφορά ότι η εκκεντρικότητα στη βασιλική αυτή αίθουσα είναι μόνο επιφανειακή. Σημασία έχουν οι δυνατότητές της και ό,τι θαυμαστό αυτό συνεπάγεται.

Κάτω από τον επιβλητικό θόλο, οι επισκέπτες μπορούν να βυθιστούν στις μαλακές πολυθρόνες τους, να συγκεντρώσουν την προσοχή τους στην οθόνη και να ζήσουν νέες, υπέροχες εμπειρίες.

ELLIPSE

Η ΤΕΛΕΥΤΑΙΑ ΛΕΞΗ ΤΗΣ ΤΕΧΝΟΛΟΓΙΑΣ ΣΤΟ ΤΕΞΑΣ

Μεγάλες προσπάθειες γίνονται τα τελευταία χρόνια για τη διατήρηση της οικογενειακής εστίας, για την ενίσχυση της ανοιχτής επικοινωνίας, την αποκατάσταση κλίματος εμπιστοσύνης, τη συναδέλφωση. Για τον Mark Iola όμως, ένας τρόπος για να τα πετύχει όλα αυτά ήταν η κατασκευή ενός ιδιωτικού κινηματογράφου υψηλής τεχνολογίας.

«Αναζητούμε κάτι που θα δώσει σ΄ όλη την οικογένεια ένα αίσθημα συνύπαρξης», λέει ο Iola, ο οποίος έχει τρία αγόρια, από πέντε μέχρι δεκαέξι ετών, και δύο αδελφούς που μένουν κοντά στο σπίτι του, με δικά τους παιδιά. Συνολικά, η πολυμελής οικογένεια του Iola έχει επτά παιδιά, από πέντε μέχρι οκτώ, και δεκαπέντε μέχρι δεκαοκτώ ετών, που το καθένα διεκδικεί δικαιώματα σε αυτόν το χώρο διασκέδασης. «Τα μικρότερα παιδιά θέλουν να βλέπουν ταινίες, όπως *Monsters, Inc* και *Εποχή των Παγετώνων,* νωρίς το απόγευμα. Στη συνέχεια, οι τηνέιτζερ παρακολουθούν τις δικές τους ταινίες».

Με την πρώτη ματιά, δεν μπορεί να πιστέψει κανείς ότι ένας τέτοιος κινηματογράφος υψηλής τεχνολογίας χτίστηκε για να χρησιμεύσει ως χώρος αναψυχής μιας πολυμελούς οικογένειας. Όταν μπαίνει κανείς μέσα, νομίζει ότι βρίσκεται στο διαστημόπλοιο Εντερπράιζ. Η αίθουσα έχει σχήμα ελλειπτικό, με ένα τεράστιο φωτισμένο ωοειδές τμήμα στο ψηλότερο επίπεδο της οροφής που παριστάνει ένα λαμπρό ήλιο με τις ακτίνες του. Στο εμπρός μέρος της αίθουσας, το έντονα φωτισμένο προσκήνιο με τετράγωνα πλαίσια μοιάζει σαν να είναι παρμένο από την ταινία *Στενές Επαφές Τρίτου Τύπου.*

Καλύτερα θα ήταν να το πούμε «Στενές επαφές οικογενειακού τύπου», με υψηλή τεχνολογία. Στο σχετικά περιορισμένο χώρο υπάρχουν δεκατέσσερα καθίσματα, καθώς και τέσσερα σκαμνιά στο βάθος. Στο χώρο αυτόν, ωστόσο, κάποτε χώρεσαν είκοσι έξι παιδιά

THE ELLIPSE
Charlie
CHAPLIN
"City" in "Lights"
Written and Directed by CHARLES CHAPLIN .... United Artists Picture

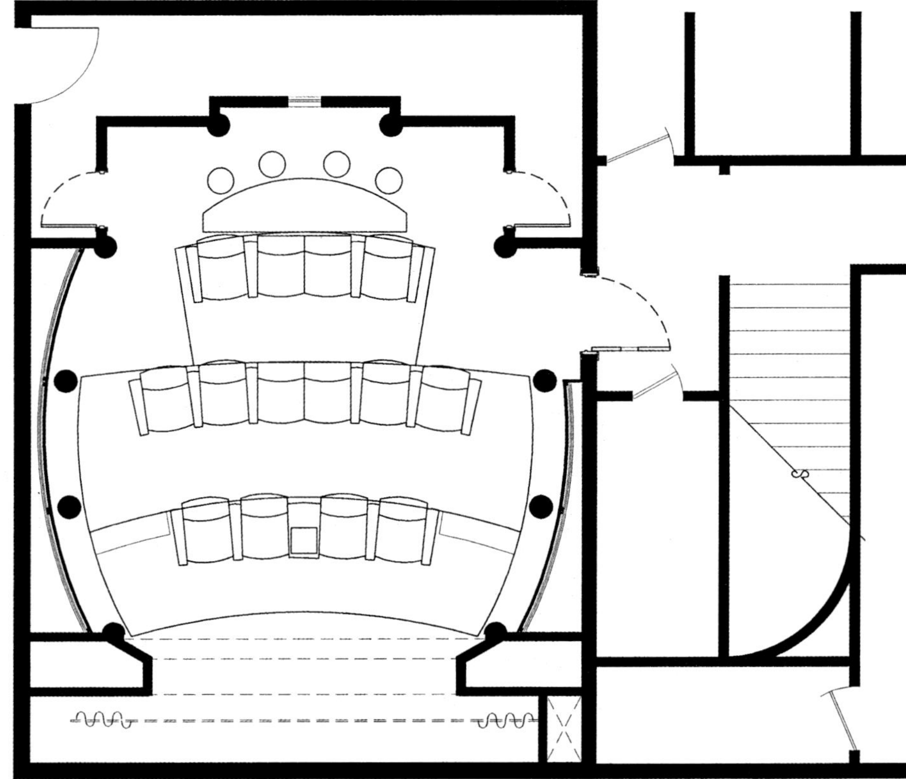

προσχολικής ηλικίας –εννοείται ότι πολλά από αυτά κάθισαν δυο-δυο...

Η οικογένεια Iola είχε δει κάποιον από τους κυκλικούς κινηματογράφους του Καλομοιράκη και είχε γοητευτεί. Επίσης, ζητούσε υψηλή ποιότητα ήχου, πράγμα δύσκολο σε χώρο κυκλικού σχήματος. «Ο Θόδωρος σχεδίασε και την παραμικρή λεπτομέρεια του κινηματογράφου, σε σχέση με την ακουστική απόδοση», λέει ο Iola. Δηλαδή, τα κενά ανάμεσα στους κίονες καλύφθηκαν με ύφασμα και έγιναν και κάποιες άλλες διευθετήσεις για να απορροφάται ο ήχος και να αντανακλάται παντού, αλλά και να μη διαχέεται σε άλλα μέρη του σπιτιού.

Ο κινηματογράφος διαθέτει τεχνικό εξοπλισμό υψηλής τεχνολογίας που περιλαμβάνει έναν επαγγελματικό προβολέα Φωτισμού Ψηφιακής Επεξεργασίας (DLP), της τελευταίας τεχνολογίας, καθώς και ηχεία ειδικής παραγγελίας στους πλαϊνούς τοίχους που μεταδίδουν τον ήχο στη σωστή ένταση στο εμπρός και στο πίσω μέρος της αίθουσας. Ένα subwoofer, κρυμμένο στο δάπεδο του βάθους, σείει τα καθίσματα σε στιγμές έντονης δράσης. Υπάρχει επίσης σύνδεση για υπολογιστή, για να γίνονται παρουσιάσεις Power Point, καθώς και δύο DVD players για πρακτικούς λόγους, όταν η ταινία δεν χωράει σε ένα δίσκο. Τέλος, η αίθουσα είναι προσβάσιμη σε άτομα με ειδικές ανάγκες.

Το πλαίσιο της οθόνης είναι κατασκευασμένο από ατσάλινο πλέγμα και ακρυλικά πανό με κρυφό φωτισμό. Εξαιρετικός συνδυασμός υψηλής τεχνολογίας με αισθητικό αποτέλεσμα.

Ακόμα και η ίδια η κατασκευή του χώρου βασίστηκε στην υψηλή τεχνολογία, αφού για κάθε τμήμα τοίχου ή οροφής χρησιμοποιήθηκαν αρχιτεκτονικά στοιχεία που σχεδιάστηκαν και συναρμολογήθηκαν με τη βοήθεια ακτίνων λέιζερ και με ελάχιστο όριο ανοχής.

Τα αποτελέσμα, λέει ο Iola, είναι «η δημιουργία ενός ξεχωριστού χώρου, όπου δεν υπάρχει τίποτα από τον πραγματικό κόσμο».

Αυτό ισχύει μόνο για την οικογένεια και τους φίλους, όπως είναι φυσικό. Οι Iola δημιούργησαν επίσης μια «βιβλιοθήκη» από DVD που περιλαμβάνει 1.000 ταινίες που φυλάσσονται στο πίσω μέρος της αίθουσας. Η ταινιοθήκη είναι οργανωμένη κατά κατηγορία, με τη βοήθεια υπολογιστή. «Στο σπίτι μας είμαστε σαν σε κατάστημα ενοικίασης ταινιών και κάνουμε συνεχή χρήση του βίντεο», λέει ο Iola.

Και αυτό είναι κάτι που ικανοποιεί ιδιαίτερα τον Iola. «Θέλαμε τόσο πολύ οι φίλοι μας και εμείς να μπορούμε να χειριζόμαστε τα πάντα με ευκολία», προσθέτει. «Είναι απίθανο το πώς ο κινηματογράφος μάς κρατάει όλους δεμένους. Περνάω τον ελεύθερο χρόνο μου με την οικογένεια και έχω την ευχέρεια να βρίσκομαι κοντά στα παιδιά μου και να ξέρω τι κάνουν».

Το αστεροειδές μοτίβο της οροφής καλυμμένο με φύλλο ασημιού προσφέρει ένα εντυπωσιακό θέαμα, ενώ το ωοειδές σχήμα της αίθουσας χρειάστηκε ειδική ακουστική μελέτη.

MOONLIGHT

ΑΡΧΙΤΕΚΤΟΝΙΚΗ ΣΥΝΘΕΣΗ ΓΙΑ ΕΝΑΝ ΕΠΙΤΥΧΗΜΕΝΟ ΣΥΓΓΡΑΦΕΑ ΕΜΠΝΕΥΣΜΕΝΗ ΑΠΟ ΤΟΝ FRANK LLOYD WRIGHT

Ένας εκδότης είπε κάποτε στον επιτυχημένο συγγραφέα Dean Koontz ότι κατά βάθος όλα τα γεμάτα αγωνία διηγήματά του γύριζαν γύρω από το ίδιο θέμα: πληγωμένοι άνθρωποι, απρόσμενα, σχηματίζουν μια οικογένεια, ενώνοντας τις δυνάμεις τους ενάντια στις κακοτυχίες. Μέσα από διαφορετικές ιστορίες, πολλοί χαρακτήρες του Koontz φτάνουν να συνειδητοποιήσουν και να εκτιμήσουν τους δεσμούς που αναπτύσσονται μεταξύ τους και που είναι βασισμένοι στην αμοιβαία εμπιστοσύνη και στη δύναμη που πηγάζει από τη φροντίδα του ενός για τον άλλον.

«Όλοι βρίσκονται σε αναζήτηση μιας οικογένειας και ενός σπιτιού», λέει ο Koontz, μιλώντας ίσως και για το προσωπικό του μακρινό ταξίδι. Αυτός και η σύζυγός του Gerda έχουν χαράξει μια δύσκολη πορεία, από το ξεκίνημά τους μέχρι τη νέα πολυτελή τους έπαυλη με θέα τον Ειρηνικό. Ιδιαίτερα, τα παιδικά χρόνια του Dean σημαδεύτηκαν από τη βία και την απελπισία.

«Πρόκειται για μια εκπληκτική πορεία», εξηγεί ο Koontz. «Η Gerda κι εγώ παντρευτήκαμε με 150 δολάρια στην τσέπη και ένα μεταχειρισμένο αυτοκίνητο, γι΄ αυτό και μας φαίνεται απίστευτο ότι ζούμε στο καινούργιο μας σπίτι, ότι αντικρίζουμε το μοναδικό νοτιο-καλιφορνέζικο φως μέσα από τα ανοιχτά παράθυρα και απολαμβάνουμε την εκπληκτική γλυπτική αρχιτεκτονική του χώρου».

Το Moonlight προσφέρει μεγάλη χαρά στον Dean και την Gerda Koontz, με την εκθαμβωτική μαρκίζα του και την πρόσοψη από ασβεστόλιθο, που τους θυμίζει τα παιδικά τους χρόνια και τις δυσκολίες που μπόρεσαν να ξεπεράσουν.

Άπειρες λεπτομέρειες σε στιλ Αρ Ντεκώ κοσμούν αυτήν την προσεγμένη κατασεκυή, από τα μπρούντζινα κιγκλιδώματα έως τα κινηματογραφικά πόστερ και τις απλίκες της πρόσοψης, που έχουν την υπογραφή του Michael Graves.

Η κατασκευή του σπιτιού – χτισμένου μέσα σε δυόμισι στρέμματα– κράτησε δέκα χρόνια. Η αρχιτεκτονική του είναι εμπνευσμένη από το στιλ του Frank Lloyd Wright, και τα υλικά που χρησιμοποιήθηκαν είναι όλα φυσικά. Οι χώροι παραμένουν πάντα σε ανθρώπινη κλίμακα, ενώ επιφυλάσσουν συνεχώς νέες εκπλήξεις, στο πνεύμα της αρχιτεκτονικής του Wright. Ο ιδιωτικός κινηματογράφος και οι χώροι με τους οποίους επικοινωνεί δεν αποτελούν εξαίρεση.
Ο Καλομοιράκης, στη σχεδίασή του, δανείστηκε στοιχεία από τον περίφημο ναό των Ουνιτών στο Oak Park του Illinois, έργο του

Wright. Η είσοδος προς το θέατρο γίνεται μέσα από αλλεπάλληλες στροφές προς τα δεξιά. Από τις πόρτες της εισόδου και τη λίθινη πρόσοψη φτάνεις στο γκισέ των εισιτηρίων και σε ένα άνετο φουαγιέ και, τέλος, αντικρίζεις την αίθουσα, ένα μεγάλο χώρο που μοιάζει με ιερό ναού, που φωτίζεται διακριτικά από φεγγίτες με πολύχρωμα βιτρώ και πλαισιώνεται από θεωρεία, τοποθετημένα κατά τέτοιον τρόπο ώστε όλοι να έχουν εξίσου καλή θέα. Ο κινηματογράφος, κατά μία έννοια, αποπνέει ένα είδος σεβασμού ξεχωριστά για τον κάθε άνθρωπο, όπως ακριβώς συμβαίνει και με το διάσημο ναό του Wright. Ο χώρος φωτίζεται πλούσια από ψηλά και ο κάθε θεατής έχει μια πολύ καλή θέση, ισάξια με εκείνες της πρώτης σειράς. Είναι πολύ «δημοκρατικός χώρος».

MOON
THE
NOW PLAYING

LIGHT
NOW PLAYING

HUMPHREY
BOGART
in
THE
MALTESE
FALCON

Αυτά τα κινηματογταφικά πόστερ δε θα μπορέσετε να τα βρείτε αλλού. Έχουν γίνει κατά παραγγελία, από τον καλλιτέχνη Phil Parks, σε στιλ Αρ Ντεκώ, για να θυμίζουν την εποχή που έγιναν οι ταινίες.

Από το γκισέ των εισιτηρίων μέχρι το καθιστικό δεν παραλείφθηκε καμία λεπτομέρεια: από τα κιονόκρανα που είναι κατασκευασμένα από αλάβαστρο και μπρούντζο, το εμπνευσμένο από την τεχνική του Wright γλυπτό του μπαρ ή την τοιχογραφία ψηλά που ζωντανεύει μία άποψη της πόλης, την εποχή του Αρ Ντεκό.

Οι Koontz, όπως και ο διάσημος αρχιτέκτονάς τους, έχουν πραγματικό πάθος για τη λεπτομέρεια. Ο Dean, σαν συγγραφέας που είναι, ανησυχεί μήπως στα γράμματα που του στέλνουν οι αναγνώστες του κάνουν κριτική για κάποια ανακρίβεια στα βιβλία του, πράγμα που θα τον έφερνε σε δύσκολη θέση, και γι΄ αυτό κάνει πάντα λεπτομερή έρευνα γύρω από τα θέματα που χρησιμοποιεί. Την ίδια προσοχή στη λεπτομέρεια έδειξε και για το σχέδιο κατασκευής του

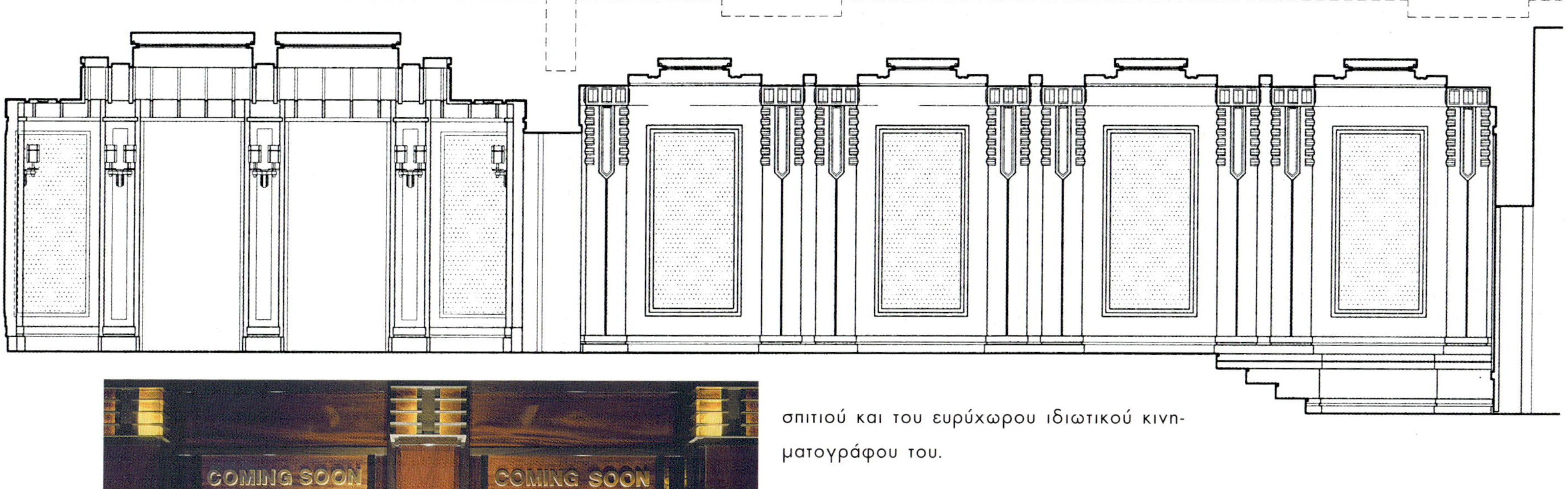

σπιτιού και του ευρύχωρου ιδιωτικού κινηματογράφου του.

Ακόμα και τα φωτιστικά δεν έμειναν ανέγγιχτα. Οι απλίκες σε Αρ Ντεκώ που κοσμούν την είσοδο του κινηματογράφου, αν και σχεδιασμένες από τον διάσημο αρχιτέκτονα Michael Graves, έχουν περαστεί με βερνίκι που δίνει στο φως πιο μουντή ανταύγεια. Στο εσωτερικό, τα κιονόκρανα, κατασκευασμένα από μπρούντζο και αλάβαστρο, δέχτηκαν κι αυτά αλλεπάλληλα στρώματα βερνικιού, για να μετριαστεί το σκληρό φως των λαμπτήρων φθορίου που χρησιμοποιήθηκαν αναγκαστικά, εξαιτίας του περιορισμένου χώρου ανάμεσα στους κίονες και την οροφή.

«Βγάλτε το καπέλο σας» μπροστά σ' αυτά τα κινηματογραφικά πόστερ. Ο Φρεντ, η Τζίντζερ και ο Έρολ Φλυν θα ήταν περήφανοι.

Ακόμα και τα πολυάριθμα πόστερ δε γλίτωσαν από το εξεταστικό βλέμμα του Koontz. «Ψάχναμε για πόστερ από ταινίες της περιόδου Αρ Ντεκώ με σχέδιο ανάλογο με το στιλ της εποχής. Αλλά ήταν πολύ δύσκολο να βρούμε αυθεντικά πόστερ», λέει ο Koontz. Τότε το ζευγάρι ανέθεσε στον γραφίστα Phil Parks, που είχε στο παρελθόν συνεργαστεί με τον Dean για την εικονογράφηση παιδικών βιβλίων, να φιλοτεχνήσει καινούργια πόστερ, για παλιές ταινίες σε στιλ του 1930.

Ο Koontz είχε ένα εξώφυλλο Αρ Ντεκώ από το μυθιστόρημα του John O' Hara *Συνάντηση στη Σαμάρρα*. Έτσι ανέθεσε στον Parks να σχεδιάσει ένα πόστερ με αυτό το θέμα, αν και ήξερε καλά ότι ποτέ δεν είχε γυριστεί ταινία βασισμένη στο συγκεκριμένο βιβλίο. «Έκανα ακόμα και τη διανομή των ρόλων με πρωταγωνιστή τον Ρόμπερ Μίτσαμ. Πίστευα ότι κανένας δε θα γνώριζε ότι μία τέτοια ταινία δεν είχε υπάρξει ποτέ», λέει ο Koontz. «Όταν όμως κάναμε ένα πάρτι για τα εγκαίνια του σπιτιού μας, ο κινηματογραφικός μου πράκτορας είπε: «Δεν έχει γυριστεί ποτέ ταινία με αυτό το θέμα». Τον ρώτησα πώς το ήξερε και απάντησε ότι ήταν εκείνος που εκπροσωπούσε τα συμφέροντα του John O' Hara. Νόμιζα ότι κανένας δε θα πρόσεχε το πόστερ, και όμως βρέθηκε κάποιος να με βάλει στη θέση μου από την πρώτη κιόλας μέρα!».

Η είσοδος στον κινηματογράφο έχει επένδυση από καρυδιά και αγριελιά, με επικάλυψη από φύλλο χρυσού, ενώ το βιτρώ της πόρτας προϊδεάζει για το τι πρόκειται να ακολουθήσει.

Το γκισέ των εισιτηρίων οδηγεί στο ευρύχωρο καθιστικό, η οροφή του οποίου δίνει μια πρώτη ιδέα για το διακοσμητικό στιλ του κινηματογράφου.

Αυτός είναι ένας ακόμα λόγος για τον Koontz να εμμένει στη λεπτομέρεια, όπως για παράδειγμα στα βιτρώ της οροφής, απ' όπου το φως διαχέεται σε όλη την αίθουσα, αντανακλάται στις γυαλιστερές επιφάνειες και λούζει τα πάντα, σκορπώντας ζεστασιά και γοητεία.

Ένα γλυπτό, κι αυτό επηρεασμένο από τον Wright, διακοσμεί τον πάγκο του μπαρ, στο φουαγιέ. Μερικά από τα υλικά που είχαν αρχικά προβλεφθεί για την επένδυση του μπαρ ήταν ακρυλικά, αλλά μετά από προσεκτικό έλεγχο, οι Koontz αντιλήφθηκαν ότι οι αρμοί ήταν ορατοί. Άλλοι δε θα το πρόσεχαν, ο Dean όμως και η Gerda το γνώριζαν, και αυτό τους ενοχλούσε «Ο συμβιβασμός στην τέχνη και στην αρχιτεκτονική είναι ο θάνατος της ποιότητας», λέει ο Koontz. «Έτσι χρησιμοποιούμε πάντα αυθεντικά υλικά».

Το φουαγιέ έχει επένδυση από καρυδιά και αγριελιά, με διακοσμητικά στοιχεία από φύλλο χρυσού και μπρούντζο, υλικά που κυριάρχησαν στην περίοδο Αρ Ντεκώ. Για την πρόσοψη του Moonlight χρησιμοποιήθηκε πραγματικός ασβεστόλιθος.

COMING SOON
KIM
ERROL FLYNN
DEAN STOCKWELL

Στην αίθουσα προβολής, οι Koontz πρόσθεσαν κιγκλίδωμα σε στιλ Αρ Ντεκώ, κατά μήκος της πρώτης σειράς των καθισμάτων, για να μη σκοντάφτουν οι επισκέπτες στα σκαλοπάτια κατά την αποχώρησή τους. Ήταν μια χειρονομία που δείχνει φροντίδα για το θεατή, ενώ παράλληλα εμπλουτίζει το σχέδιο του κινηματογράφου. Τα θεωρεία προστέθηκαν, λέει ο Koontz, για να εξυπηρετούνται ανάπηρα άτομα. Είναι γνωστό, εξάλλου, ότι το ζευγάρι ασχολείται εθελοντικά με τη φιλανθρωπία και με άτομα με ειδικές ανάγκες.

Ο κινηματογράφος έχει στις δύο πλαϊνές πλευρές και στο πίσω μέρος θεωρεία που πλαισιώνουν την κυρίως αίθουσα.

Ο Koontz πιστεύει ότι οι άνθρωποι έχουν ανάγκη να αντλούν χαρά και ικανοποίηση από το περιβάλλον τους. Ο ίδιος μεγάλωσε σε αυτό που αποκαλεί «Πόλη της Απελπισίας», με ένα βίαιο, αλκοολικό πατέρα που δεν μπορούσε να στεριώσει σε δουλειά. Όταν ο Dean παντρεύτηκε την αγαπημένη του Gerda, με την οποία ήταν συμμαθητές στο Λύκειο, και μετακόμισαν σε μία φτωχή πόλη με ανθρακωρυχεία, οι Koontz νοίκιασαν ένα σπίτι με πενήντα δολάρια το μήνα, ενοίκιο βαρύ για τα οικονομικά τους, ωστόσο ήταν το μόνο σπίτι που διέθετε εσωτερικό μπάνιο και τουαλέτα. Ο Dean είχε μεγαλώσει χρησιμοποιώντας τουαλέτα έξω από το σπίτι και ήταν αποφασισμένος να μην ξαναζήσει κάτι τέτοιο. Επίσης χρειαζόταν ένα χώρο που να τον εμπνέει.

Εγκατεστημένος τώρα στην άλλη άκρη της Αμερικής και ύστερα από κάποιες δεκαετίες, ο Koontz έχει ακριβώς αυτό που πάντα αναζητούσε. «Χρειάζεται να βρίσκεσαι σε ήσυχο περιβάλλον για να γράψεις», λέει. «Εκεί οφείλεται η διαρκής μου αναζήτηση για τον ιδανικό χώρο εργασίας και ο αγώνας μιας ζωής για έναν καλαίσθητο χώρο, όπου θα νιώθουμε ασφαλείς».

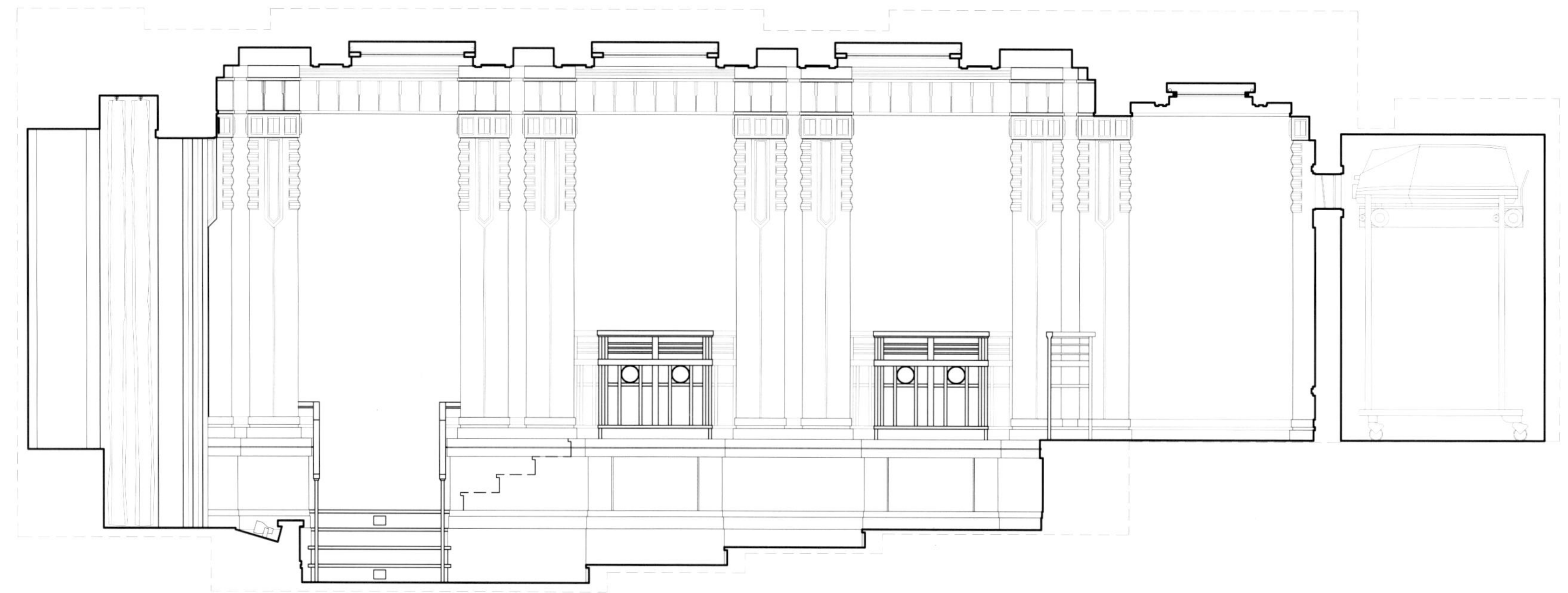

Ο Koontz δεν έχει ξεχάσει την ταπεινή του καταγωγή. Το θέατρο έχει ονομαστεί «The Moonlight», που ήταν το όνομα του κινηματογράφου ντράιβ-ιν της πόλης των νεανικών τους χρόνων, στο Bedford της Πενσυλ-βανίας. Ο χειμερινός κινηματογράφος της πόλης ήταν κάπως καλύτερος, αλλά λεγόταν Πιτ, και ο Koontz δε θα μπορούσε να συμβιβαστεί με τόσο κοινό όνομα.

Τα μπρούντζινα διακοσμητικά στοιχεία στους πεσσούς τραβούν την προσοχή, ενώ τα μικρά γυάλινα φωτιστικά ρίχνουν ζεστό φως.

Παρ΄ όλο που για την αναζήτηση ενός όμορφου χώρου ξόδεψαν το μεγαλύτερο μέρος του χρόνου τους αυτά τα τελευταία δέκα χρόνια, οι Koontz δεν το μετανιώνουν. Ο Dean και η Gerda ήξεραν ότι θα τους έπαιρνε κάμποσα χρόνια επίμονης δουλειάς για να πραγματοποιήσουν το όνειρό τους. Για το μόνο που λυπούνται είναι γιατί δεν περιστοιχίζονται πια από τη μεγάλη οικογένεια των φίλων που δούλεψαν για το σπίτι τους, τόσον καιρό. «Όταν συναντάς τεχνίτες και εμπόρους που έχουν πάθος για τη δου-λειά τους και δίνουν προσοχή στη λεπτομέρεια, είναι

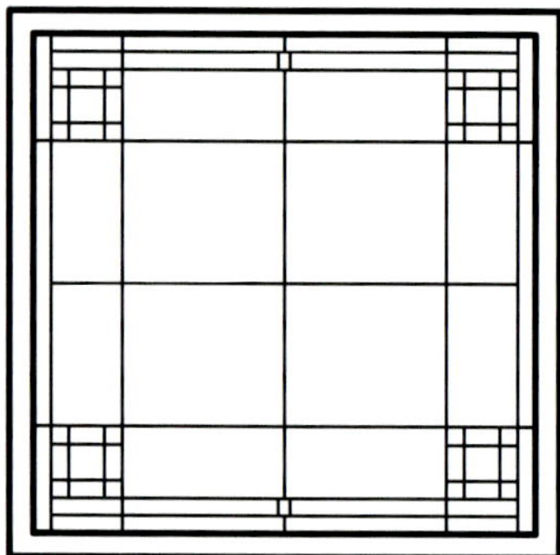

το ίδιο ακριβώς, όπως όταν συναντάς ένα συγγραφέα ή ένα σπουδαίο ζωγράφο», εξηγεί ο Koontz. «Έτσι, οι πιο πολλοί από τους παλιούς μας φίλους σχετίζονται με το χτίσιμο του σπιτιού μας. Για μεγάλο διάστημα, όσο το σπίτι χτιζόταν, πηγαίναμε εκεί για να συναντήσουμε αυτήν τη μεγάλη οικογένεια. Η ολοκλήρωση της κατασκευής του σπιτιού, επομένως, ήταν μια κάποια απογοήτευση».

Οι Koontz και οι φίλοι τους μοιάζουν λίγο με τους ήρωες κάποιων από τα βιβλία του Koontz που συγκεντρώνονται για να σχηματίσουν μια οικογένεια, που κάθε μέλος της είναι σημαντικό. Και ακριβώς, όπως στα βιβλία του Dean, αυτή η ιστορία τελειώνει με τους δύο βασικούς ήρωες, τον Dean και την Gerda Koontz, να ξαναβρίσκουν επιτέλους τη δική τους οικογένεια και να φτιάχνουν το δικό τους σπίτι.

F I R S T R U N

Δ Ι Α Χ Ρ Ο Ν Ι Κ Ο Σ Χ Ε Δ Ι Ο Γ Ι Α Ε Ν Α Α Σ Τ Ε Ρ Ι Τ Ο Υ Μ Π Ε Ϊ Ζ Μ Π Ο Λ

Το μπέιζμπολ είναι ένα σκληρό άθλημα, όχι μόνο γιατί σ' αυτό παίρνουν μέρος ρωμαλέοι παίκτες που τρέχουν σαν τον κεραυνό εκσφενδονίζοντας με λύσσα την μπάλα, αλλά και γιατί το παιχνίδι έχει και κάποιο στοιχείο φανατισμού. Πρόκειται για ένα βαθιά αισιόδοξο παιχνίδι που συχνά διεξάγεται κάτω από έναν ανελέητο ήλιο, με απρόβλεπτη εξέλιξη και πολλή αγωνία, ενώ οι δραματικές του εναλλαγές τελικά δικαιώνουν τον «πιστό» οπαδό. Είναι επίσης ένα παιχνίδι που κρατάει ώρες, χωρίς ρολόι, που παίζεται σε γήπεδα, μακριά από τους σύγχρονους ρυθμούς, ενώ ποτέ δεν παραβλέπονται και οι σύγχρονες ανέσεις.

Από αυτήν την άποψη, το μπέιζμπολ είναι σαν να παρακολουθείς μια σπουδαία ταινία, σε έναν πολύ καλό κινηματογράφο. Και εδώ υπάρχει το αίσθημα της φυγής από την καθημερινότητα, ο τόπος συνάθροισης, η πλοκή που οδηγείται στην κορύφωσή της. Έτσι, δεν αποτελεί έκπληξη το γεγονός ότι το αστέρι του μπέιζμπολ, που έχει αυτόν τον κινηματογράφο, επεδίωκε έναν τόπο συνάθροισης για την ψυχαγωγία της οικογένειάς του, πέρα από χρονικούς περιορισμούς.

Η είσοδος στο χώρο δίνει την αίσθηση που έχει κανείς όταν κατευθύνεται σε ένα γήπεδο μπέιζμπολ μέσα από ένα τούνελ. Από τα πρώτα κιόλας βήματα, το γήπεδο απλώνεται μπροστά με όλη του τη μεγαλοπρέπεια. Ο απλούστερος των συνδυασμών –το πράσινο του γκαζόν που πλαισιώνεται από το καφετί των τοίχων του γηπέδου– δημιουργεί ένα ευχάριστο και αυθεντικό αρχιτεκτονικό σύνολο.

Εάν τώρα αντικαταστήσετε το γκαζόν με ένα χαλί σε βαθύ πράσινο χρώμα, το χώμα με σανίδια από λουστραρισμένη καρυδιά, τις ζεστές ακτίνες του ήλιου με μια χρυσαφένια λάμψη από τεχνητό φως, τις τσιμεντένιες πτέρυγες με το διάδρομο που διατρέχει το πίσω μέρος της αίθουσας, δημιουργώντας ατμόσφαιρα άνεσης και στιλ, τα καθίσματα του γηπέδου με μαλακές πολυθρόνες, τότε έχετε μπροστά σας ένα διαχρονικό τόπο συνάθροισης, έναν ιδιωτικό κινηματογράφο.

Η υπερσύγχρονη μαρκίζα και οι ξύλινες επενδύσεις δείχνουν μια μεταμοντέρνα αντίληψη ενός διαχρονικού σχεδίου

Με όρους του μπέιζμπολ, αυτός ο χώρος είναι ένα «Γήπεδο Ονείρου», ένα όνειρο που αρχίζει με την πρόθεση του ιδιοκτήτη να δημιουργήσει έναν οικογενειακό χώρο ψυχαγωγίας, που να εναρμονίζεται με το σύγχρονο ντεκόρ του υπόλοιπου σπιτιού και να αποτελεί κάτι ξεχωριστό. Βέβαια υπήρχε πάντα ο κίνδυνος οι αρχιτέκτονες που το σχεδίασαν να κινούνται στην κόψη του ξυραφιού, μεταξύ επιτυχίας και αποτυχίας.

Ας ξεκινήσουμε από το ωοειδές σχήμα του χώρου: σίγουρα δεν πρόκειται για ένα συμβατικό σχήμα κινηματογράφου, και αυτό γιατί το ωοειδές σχήμα συχνά δημιουργεί προβλήματα. Ο Καλομοιράκης έχει προσαρμόσει εδώ κάποια διαχρονικά στοιχεία Αρ Ντεκώ στο σύγχρονο σχέδιο, όπως τα διακοσμητικά πλαίσια σε στιλ Αρ Ντεκώ, κατασκευασμένα από λεπιδόλιθο, μέταλλο και μπρούντζο, το επιβλητικό κεντρικό φωτιστικό από λεπιδόλιθο, που ρίχνει χρυσαφί φως στο χώρο, και τις πλαφονιέρες του πίσω διαδρόμου που είναι κι αυτές από λεπιδόλιθο.

Ο κινηματογράφος, στο σύνολό του, είναι κατασκευασμένος από αυθεντικά υλικά που δεν απαιτούν βαψίματα ή ψεύτικες επικαλύψεις, αρχίζοντας από το λουστραρισμένο ξύλο καρυδιάς, προχωρώντας στις κολόνες που είναι διακοσμημένες με μπρούντζο, και καταλήγοντας στους τοίχους και τα καθίσματα, με υφασμάτινη ταπετσαρία. Όλα αποπνέουν άνεση και αυθεντικότητα.

Τα φατνώματα από λουστραρισμένο ξύλο καρυδιάς και το μεγάλο φωτιστικό από λεπιδόλιθο λούζουν τον κινηματογράφο με ένα γλυκό κεχριμπαρένιο φως. Τα πλαίσια από μπρούντζο και λεπιδόλιθο των διαδρόμων προσθέτουν μια νότα Αρ Ντεκό

Υπάρχει αρκετός χώρος για τα πόδια καθώς και σύγχρονες ανέσεις που περιλαμβάνουν ένα πληκτρολόγιο ελέγχου, ενσωματωμένο στο κουβούκλιο του προβολέα και ένα σνακ μπαρ, στο βάθος.

Το στρογγυλό σχήμα του δωματίου ήταν μια πρόκληση για τον Tom Wells της Integrated Media Systems που σχεδίασε και εγκατέστησε το οπτικοακουστικό σύστημα, όπως και το βίντεο. «Στις ωοειδείς αίθουσες, ο ήχος τείνει να αντανακλάται και να εστιάζεται μπροστά», λέει ο Tom Wells. «Γι΄ αυτό και χρησιμοποιήσαμε άφθονο υλικό που βοηθάει στην απορρόφηση του ήχου στο πίσω μέρος, σ' ένα σημείο όπου, κάτω από κανονικές συνθήκες, θα χρησιμοποιούσαμε υλικά που διαχέουν τον ήχο».

Ηχεία για τη μετάδοση του ήχου στους πλαϊνούς και τους πίσω χώρους τοποθετήθηκαν ανάμεσα στις καρυδένιες κολόνες. Για τον Wells, ο κινηματογράφος, που χτίστηκε πριν αρκετά χρόνια, έδωσε την ευκαιρία στην εταιρεία του να εγκαταστήσει για πρώτη φορά πολλαπλά ηχεία στους πλαϊνούς και πίσω τοίχους, μια πρακτική πολύ συνηθισμένη σήμερα. Αν και δεν ήταν ηθελημένο, το όνομα του κινηματογράφου (First Run) δεν υποδηλώνει μόνο το πάντρεμα του μπέιζμπολ με την προβολή ταινιών. Υπήρξε επίσης ορόσημο για την καθιέρωση καινοτομιών στα ηλεκτρονικά συστήματα των ιδιωτικών κινηματογράφων. «Πρακτικά δεν ξέραμε τι ήχο θα είχαμε», θυμάται ο Wells, «αλλά έχει ωραίο, πλούσιο και ζεστό ήχο».

Οι ιδιοκτήτες, πράγματι, απολαμβάνουν ανέσεις υψηλής τεχνολογίας σε αυτόν το διαχρονικό χώρο. Μπορούν να έχουν εικόνα του τι συμβαίνει μέσα στο σπίτι μέσω της κάμερας που είναι τοποθετημένη στο εμπρός μέρος του σπιτιού. Πατώντας ένα κουμπί στο κοντρόλ, ανάβει ένα φωτάκι που τους ειδοποιεί για τον παραμικρό θόρυβο που θα ακουστεί στα δωμάτια των παιδιών, τη νύχτα, ώστε να τρέξουν αμέσως. Ο ιδιοκτήτης διαθέτει επίσης ένα στούντιο μεταγραφής βίντεο, που βρίσκεται σε διπλανό δωμάτιο.

Σύγχρονες ανέσεις, διαχρονικό σχέδιο και αυθεντικά υλικά προσφέρουν στους ιδιοκτήτες μια φυσική απόδραση, πέρα από το χρόνο. Και όπως σε κάθε καλό παιχνίδι μπέιζμπολ, έτσι και σε μια ταινία η απόδραση γίνεται συναρπαστικότερη, όταν υπάρχει και το στοιχείο της δραματικότητας. Αυτός ο κινηματογράφος μοιάζει να είναι φτιαγμένος για τον ιδιοκτήτη του.

N I L E

Α Ι Γ Υ Π Τ Ι Α Κ Η Μ Ε Γ Α Λ Ο Π Ρ Ε Π Ε Ι Α
Σ Ε Μ Ι Α Δ Ι Α Φ Ο Ρ Ε Τ Ι Κ Η Ε Ρ Η Μ Ο

Το Λας Βέγκας είναι ένας πολυσύνθετος κόσμος με δείγματα από Βενετία, Παρίσι και Νέα Υόρκη. Και για εκείνους που θέλουν να πάρουν μία γεύση από Αίγυπτο, υπάρχει το ξενοδοχείο Luxor, σε σχήμα μαύρης πυραμίδας, όπου μπορείς να παρακολουθήσεις σε μεγάλες οθόνες σκηνές από τη χώρα του Νείλου. Αυτό όμως που λείπει στα περισσότερα από αυτά τα θεάματα είναι η αληθινή αίσθηση του να ζεις σε εξωτικά μέρη, σε άλλες εποχές. Είναι δύσκολο για κάποιον να ξεπεράσει το κιτς του μεταλλικού ήχου των μηχανημάτων που καταπίνουν κέρματα, για να επιδοθεί σε γοητευτικά ταξίδια αναζήτησης άλλων πολιτισμών.

Έξω από το Strip, σε μία ιδιωτική έκταση, υπάρχει ένα τέτοιο καταφύγιο, όπου η παγκόσμια κουλτούρα και η ιστορία συναντιούνται σε ένα πολυτελές περιβάλλον. Εκεί συνυπάρχουν η αποφασιστικότητα και η φαντασία, σε ένα σκηνικό με γλυκόπικρη γεύση.

Κάπως έτσι βρήκε η Joan Winchell ότι έμοιαζε η Αίγυπτος, όταν την πρωτοεπισκέφθηκε αρκετά χρόνια πριν. Αυτοαποκαλούμενη αιγυπτιολόγος, ένιωθε πάντα μία έλξη για τη χώρα της Αιγύπτου και τον πολιτισμό της. «Στην ουσία, έζησα στα μουσεία και στους ιστορικούς χώρους. Πήγα στους τάφους και απόλαυσα όλη την ομορφιά που αντίκρισα», λέει η Joan Winchell.

Ένα επίχρυσο άγαλμα του βασιλιά Τουταγχαμών δεσπόζει μπροστά σε αυτήν την περίτεχνη αναπαράσταση της ζωής στην κοιλάδα του Νείλου.

Η κόμπρα από χυτό μπρούντζο είναι ένα πόμολο πόρτας.
Το μάτι από οπάλιο καρφώνεται ερευνητικά πάνω στους επισκέπτες. Η κόμπρα και
το αρπακτικό όρνεο ήταν σύμβολα που χρησιμοποιούνταν από τους Αιγύπτιους Φαραώ για προστασία.

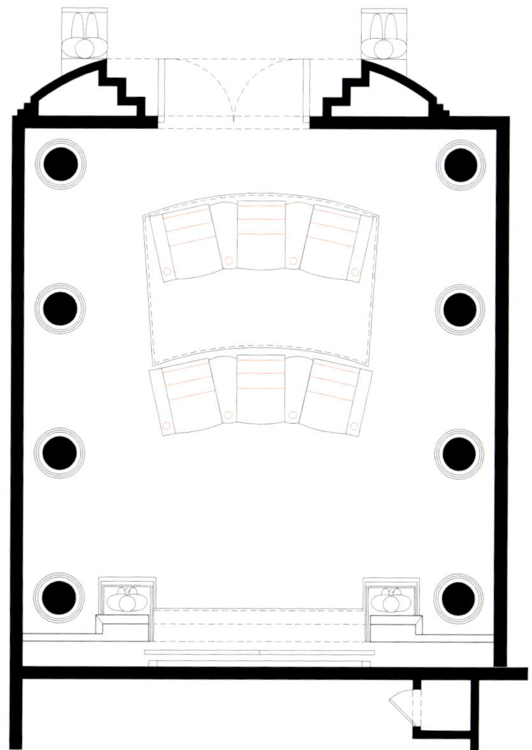

Το μυστήριο γύρω από την κατασκευή των πυραμίδων από τους Αιγύπτιους και οι διάφορες θεωρίες για την ευθυγράμμισή τους με τα ουράνια σώματα εξακολουθούν να απασχολούν τους επιστήμονες σήμερα, η Winchell όμως ενδιαφερόταν για κάτι άλλο, πέρα από αυτά. «Προσπάθησα να φανταστώ πώς θα ήταν η ζωή στην αρχαία Αίγυπτο».

Καμιά δεκαριά χρόνια αργότερα, όταν η ίδια και ο σύζυγός της, Verne, αποφάσισαν να κατασκευάσουν έναν ιδιωτικό κινηματογράφο στο σπίτι τους στο Λας Βέγκας, μακριά από τη μόνιμη διαμονή τους, η Αίγυπτος δεν πέρασε από το μυαλό τους αμέσως. Το μόνο που ήξεραν ήταν ότι, όσο και αν αγαπούσαν το στιλ Αρ Ντεκώ του πρώτου κινηματογράφου τους στην Καλιφόρνια – που είχε σχεδιάσει επίσης ο Θόδωρος Καλομοιράκης– δεν ήθελαν να το επαναλάβουν. «Τότε ο σύζυγός μου πρότεινε να φτιάξουμε κάτι σε αιγυπτιακό ρυθμό», λέει η Winchell.

Οι Winchell ήθελαν να δημιουργήσουν την ατμόσφαιρα ενός αρχαίου αιγυπτιακού σπιτιού ή ναού, αλλά και να νιώσουν, τόσο αυτοί οι ίδιοι όσο και οι καλεσμένοι τους, αυτόν τον πανάρχαιο πολιτισμικό πλούτο. Η εμπειρία αρχίζει από την είσοδο του κινηματογράφου, με ένα πόμολο σε σχήμα κόμπρας, με μάτι από οπάλιο. Η κόμπρα είναι σύμβολο που το συναντάει κανείς στους αιγυπτιακούς μύθους, αλλά εμφανίζεται επίσης και στα διαδήματα των Φαραώ, για να απομακρύνει τα κακά πνεύματα.

Ιερογλυφικά, χαραγμένα με το χέρι, έργο επίπονης εργασίας, κοσμούν το προσκήνιο και τους κίονες από λαξευτό ασβεστόλιθο.

Στο εσωτερικό του κινηματογράφου αναπαρίσταται η αρχαία Αίγυπτος, με την κοιλάδα του Νείλου, με τη μυθολογία και τον πολιτισμό της. Κίονες με ιερογλυφικά πλαισιώνουν ζωηρόχρωμες τοιχογραφίες που απεικονίζουν το Νείλο από τη μια πλευρά και την έρημο από την άλλη, ενώ ένα χρυσό άγαλμα του Τουταγχαμών είναι στημένο μπροστά από το λίθινο προσκήνιο.

Η οροφή κοσμείται με μία σειρά από ανοιχτές φτερούγες μυθικών αρπακτικών όρνεων, σύμβολα που συναντάμε στους αιγυπτιακούς ναούς και έχουν κι αυτά προστατευτικό σκοπό. Οι κόκκινοι θόλοι αναπαριστούν το θεό Ήλιο, καθώς και έναν αιγυπτιακό μύθο σχετικό με το ηλιακό σύστημα, σύμφωνα με τον οποίον, όταν ένα φίδι δάγκωσε το δημιουργό και το θεό Ήλιο (Ρα), εκείνος έπρεπε

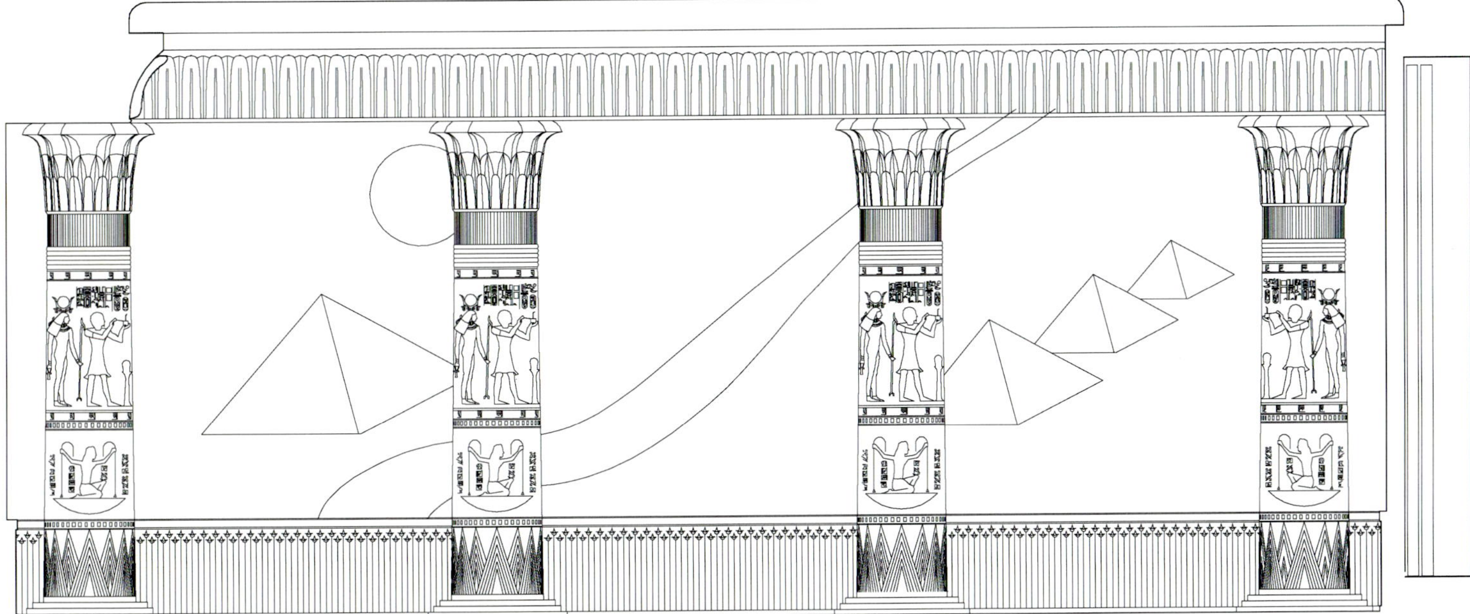

Το ανάγλυφο στις χυτές μπρούνζινες πόρτες που χρησιμεύουν για αυλαία απεικονίζει μια πομπή που προσφέρει δώρα σε κάποιον ηγεμόνα. Φτερούγες αρπακτικών όρνεων κοσμούν την οροφή και τους κίονες (αριστερά).

να αποκαλύψει το κρυφό του όνομα για να δράσουν τα ευεργετικά μάγια. Δέχθηκε να το αποκαλύψει μόνο στον Ώρο που εμφανίστηκε με τη μορφή γερακιού.

Οι ανοιχτές φτερούγες επαναλαμβάνονται στο πάνω μέρος των ασβεστολιθικών κιόνων που είναι, σε μικρότερη κλίμακα, ακριβή αντίγραφα των κιόνων που κοσμούν τον περίφημο ναό του Άμμωνα. Έτσι ο επισκέπτης έχει μια θέα προς το Νείλο μέσα από τους κίονες, όπως θα συνέβαινε και στην πραγματικότητα. Οι λεπτομέρειες του χώρου χρειάστηκαν ιδιαίτερα απαιτητική εργασία. Ο γλύπτης Frank Gallagher εργάστηκε συνέχεια για δυόμισι χρόνια για τη λάξευση των ιερογλυφικών. «Ο Verne και η Joan είναι προστάτες της τέχνης. Μου έδωσαν τη δυνατότητα να κάνω δημιουργικό έργο», λέει ο Gallagher.

Όπως συμβαίνει και στα αρχαία έργα, κάποια μυστήρια πλανώνται γύρω από την κατασκευή του κινηματογράφου. Ο Gallagher λέει ότι αφιέρωσε εννέα μήνες για τη δημιουργία του μπρούντζινου ανάγλυφου με τις ανθρώπινες μορφές που

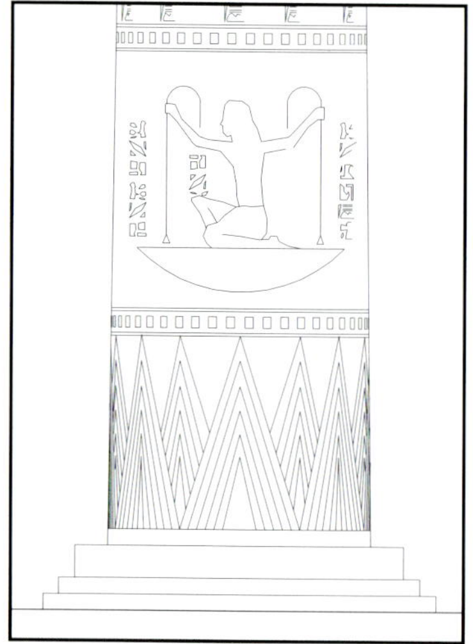

προσφέρουν δώρα στον ηγεμόνα τους. Το ανάγλυφο χρησιμεύει ως αυλαία και ανοίγει στη μέση για να φανεί η οθόνη. Ο Gallagher δεν είναι διατεθειμένος να αποκαλύψει το μυστικό της κατασκευής του.

Η Joan Winchell αισθάνεται περήφανη για τον αιγυπτιακό της κινηματογράφο. Λέει ότι οι καλεσμένοι της μοιράζονται μαζί της το συναίσθημα που είχε νιώσει η ίδια όταν είχε επισκεφθεί την Αίγυπτο – δέος ανάμεικτο με θαυμασμό. Δεν μπορούν να φανταστούν τον όγκο της δουλειάς που απαιτήθηκε. Αγγίζουν τα πράγματα για να διαπιστώσουν κατά πόσον είναι πραγματικά. Παράλληλα, δεν μπορεί παρά να θυμάται το σύζυγό της που έφυγε λίγους μήνες πριν από την ολοκλήρωση του έργου. «Χαίρομαι για τον κινηματογράφο, αλλά και αισθάνομαι λύπη», λέει η Joan, «τον βλέπω σαν ένα μνημείο αφιερωμένο στον Verne».

Αυτό το μνημείο για τον Verne Winchell, εξάλλου, αποτίει φόρο τιμής στην παγκόσμια πολιτιστική κληρονομιά.

Η θέα της τοιχογραφίας του Νείλου, μέσα από τους κίονες, δημιουργεί την εντύπωση ότι βρίσκεσαι σε έναν αιγυπτιακό ναό, σε μια άλλη εποχή.

JEWEL

ΑΡΜΟΝΙΚΗ ΑΠΛΟΤΗΤΑ ΣΤΗΝ ΠΑΡΑΛΙΑΚΗ ΦΛΩΡΙΝΤΑ

Ως ιδιοκτήτης μοντέρνου σπιτιού, ο Larry DeGeorge ήθελε μόνο δυο πράγματα για το δικό του ιδιωτικό κινηματογράφο. «Έπρεπε να είναι σύγχρονος και καθόλου εξεζητημένος», λέει. Με άλλα λόγια, ο DeGeorge επιθυμούσε έναν ευχάριστο συνδυασμό μορφής, χρώματος και υλικών, στη σωστή αναλογία, για το μοντέρνο κινηματογράφο του. Αυτό που κυρίως απολαμβάνει σήμερα είναι όλα αυτά μέσα σ΄ ένα χώρο που από μόνος του είναι ένα κομμάτι μοντέρνας τέχνης.

Ο κινηματογράφος του DeGeorge αποκαλύπτει σταδιακά, στις επιφάνειες, στα χρώματα και στις φόρμες του, κάτι πολύ περισσότερο απ' ό,τι φαίνεται.

Ο επισκέπτης μπαίνει σε ένα χωλ, απ΄ όπου αποκαλύπτεται ένα τμήμα του κινηματογράφου ανάμεσα από πεσσούς με επένδυση από μαόνι. Οι γρανιτένιες πλάκες στη βάση των τοίχων, με τους απαλούς γήινους τόνους, σε προετοιμάζουν για την αρμονία του χώρου. Μαύρα ευθύγραμμα στοιχεία διχοτομούν κατά κάποιον τρόπο μια κολόνα στην κορυφή της. Ένα φωτιστικό, με τεμνόμενες γραμμές που σχηματίζουν τετράγωνα και ορθογώνια σχήματα, διακρίνεται ανάμεσα σε δύο άλλες κολόνες.

Μπαίνοντας στην κυρίως αίθουσα, το βλέμμα του επισκέπτη εστιάζεται στη φωτισμένη φρίζα με τα τετράγωνα και ορθογώνια σχήματα που μοιάζει να αγκαλιάζει το χώρο των καθισμάτων. Διαγωνίως τοποθετημένα πανό από μαόνι κοσμούν ένα τμήμα του πίσω τοίχου. Στο πάνω μέρος υπάρχει μια μεγάλη κατασκευή που καταλαμβάνει τμήμα της οροφής και προορίζεται για τον προβολέα, και πιο ψηλά μία μικρότερη πολυεπίπεδη οροφή.

Μπαίνοντας στο Jewel βρίσκεσαι μπροστά σε ένα έργο μοντέρνας τέχνης που έχει κατασκευαστεί από μαόνι, ημιδιαφανές πλεξιγκλάς και πολυτελή υλικά.

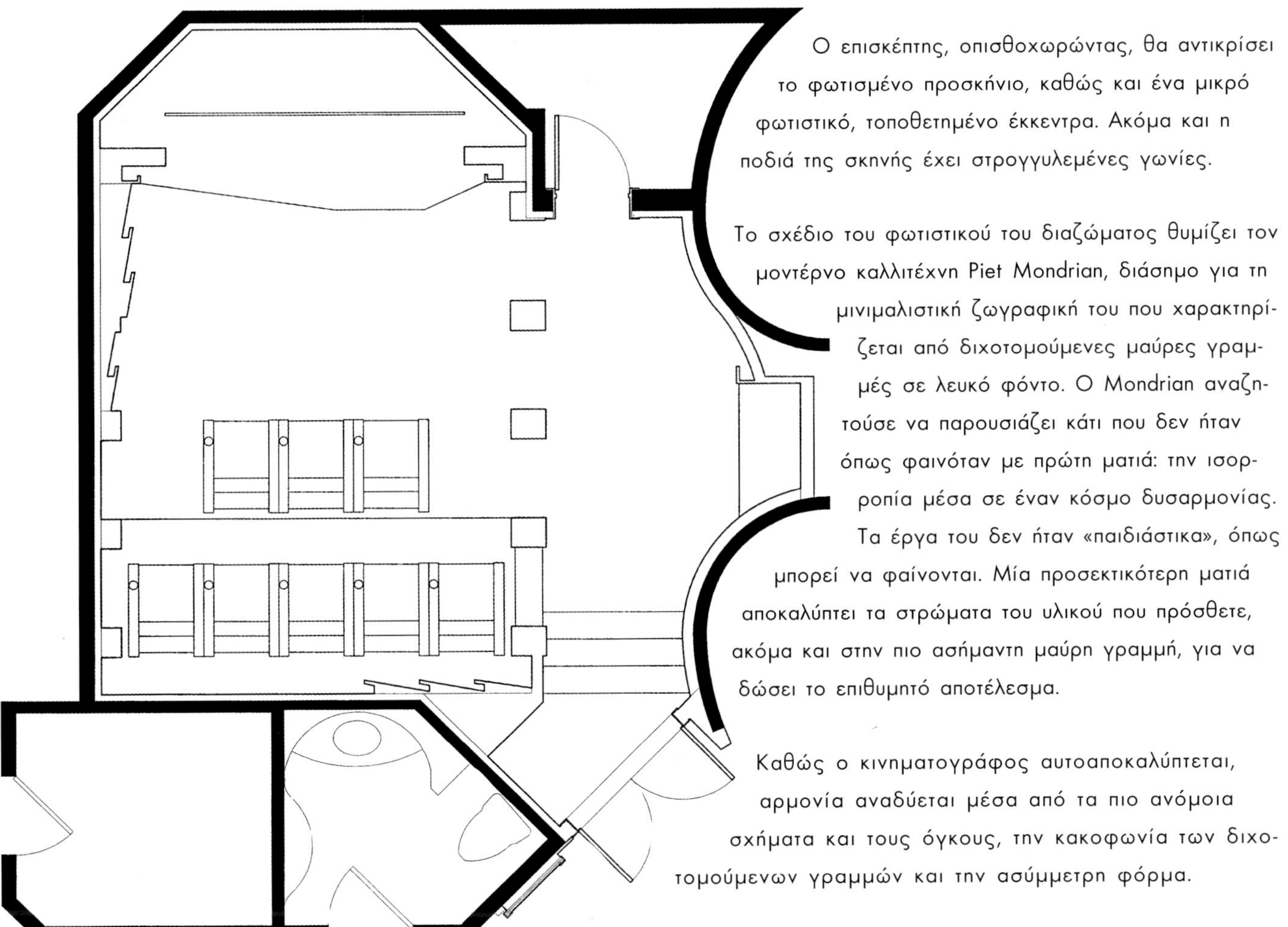

Ο επισκέπτης, οπισθοχωρώντας, θα αντικρίσει το φωτισμένο προσκήνιο, καθώς και ένα μικρό φωτιστικό, τοποθετημένο έκκεντρα. Ακόμα και η ποδιά της σκηνής έχει στρογγυλεμένες γωνίες.

Το σχέδιο του φωτιστικού του διαζώματος θυμίζει τον μοντέρνο καλλιτέχνη Piet Mondrian, διάσημο για τη μινιμαλιστική ζωγραφική του που χαρακτηρίζεται από διχοτομούμενες μαύρες γραμμές σε λευκό φόντο. Ο Mondrian αναζητούσε να παρουσιάζει κάτι που δεν ήταν όπως φαινόταν με πρώτη ματιά: την ισορροπία μέσα σε έναν κόσμο δυσαρμονίας. Τα έργα του δεν ήταν «παιδιάστικα», όπως μπορεί να φαίνονται. Μία προσεκτικότερη ματιά αποκαλύπτει τα στρώματα του υλικού που πρόσθετε, ακόμα και στην πιο ασήμαντη μαύρη γραμμή, για να δώσει το επιθυμητό αποτέλεσμα.

Καθώς ο κινηματογράφος αυτοαποκαλύπτεται, αρμονία αναδύεται μέσα από τα πιο ανόμοια σχήματα και τους όγκους, την κακοφωνία των διχοτομούμενων γραμμών και την ασύμμετρη φόρμα.

Δεν είναι μόνο το φωτιστικό και η ποδιά της σκηνής που είναι τοποθετημένα έκκεντρα, αλλά και τα πανό από μαόνι στον έναν πλαϊνό τοίχο, γωνιασμένα σε διαφορετικά βάθη. Το ίδιο συμβαίνει και με τα πανό από μαόνι στο βάθος, που καταλαμβάνουν μόνο το ένα τρίτο της επιφάνειας του τοίχου. Υπάρχουν πέντε πεσσοί στη μία πλευρά και μόνο τρεις στην άλλη. Ακόμα και ο χώρος με τα καθίσματα δε βρίσκεται στο κέντρο της αίθουσας, ενώ το λόμπυ διακρίνεται ανάμεσα από τους πεσσούς.

Ο πλαϊνός διάδρομος αποτελεί ταυτόχρονα και το λόμπυ του κινηματογράφου, που χωρίζεται από αυτόν με ένα τοιχίο με πλάκες γρανίτη στην επίστεψή του. Προβληματικά στοιχεία στο σχεδιασμό, όπως οι καμπυλωτοί τοίχοι πίσω από μία μεγάλη σκάλα, αντιμετωπίστηκαν με την τοποθέτηση των καθισμάτων έκκεντρα.

Εκεί που νομίζεις ότι όλα είναι ασύμμετρα, αποκαλύπτεται η συμμετρία. Οι κολόνες που λείπουν στα αριστερά, εμφανίζονται στο πάνω μέρος. Κιονόκρανα με μαύρα ευθύγραμμα διακοσμητικά στοιχεία κοσμούν τις κολόνες του βάθους. Ακόμα και οι δήθεν τυχαίες γραμμές δύο φωτιστικών της εισόδου προς τον κινηματογράφο είναι ανεστραμμένες εικόνες. Ισορροπία αναδύεται από τα ανόμοια στοιχεία. Η αρμονία νικάει τη δυσαρμονία. Αυτό που φαίνεται σε πρώτη ματιά, τελικά, είναι κάτι διαφορετικό.

Τα υλικά που χρησιμοποιήθηκαν για το φινίρισμα δημιουργούν ένα σύνολο πιο αρμονικό απ΄ ό,τι τα επί μέρους τμήματα. Τα φωτιστικά είναι φτιαγμένα από ημιδιαφανές πλεξιγκλάς που δίνει γλυκό φως σαν μέσα από ριζόχαρτο. Το πλούσιο, λουστραρισμένο μαόνι στους πεσσούς και στις μπουαζερί των τοίχων εναρμονίζεται απόλυτα με τους ήπιους τόνους στα χρώματα των καθισμάτων, των χαλιών και της αυλαίας.

Αυτό που χρειαζόταν για να ολοκληρωθεί αυτή η αρμονία, ήταν ο καλός ήχος. Ο σκελετός από μπετόν, οι δύο καμπύλοι τοίχοι πίσω από μια μεγάλη σκάλα και η οροφή, ύψους έξι περίπου μέτρων, έκαναν το χώρο ιδιαίτερα προβληματικό, από την άποψη της ακουστικής. Οι καμπύλοι τοίχοι εν μέρει καλύφθηκαν στο χωλ που οδηγεί στην αίθουσα, η οροφή χαμήλωσε και ένα έξυπνο ηχητικό σύστημα βοήθησε στη δημιουργία ενός περισσότερο ισορροπημένου ήχου, σ΄ έναν ιδιαίτερα προβληματικό χώρο. Ακουστική αρμονία αναδύθηκε από τη δυσαρμονία.

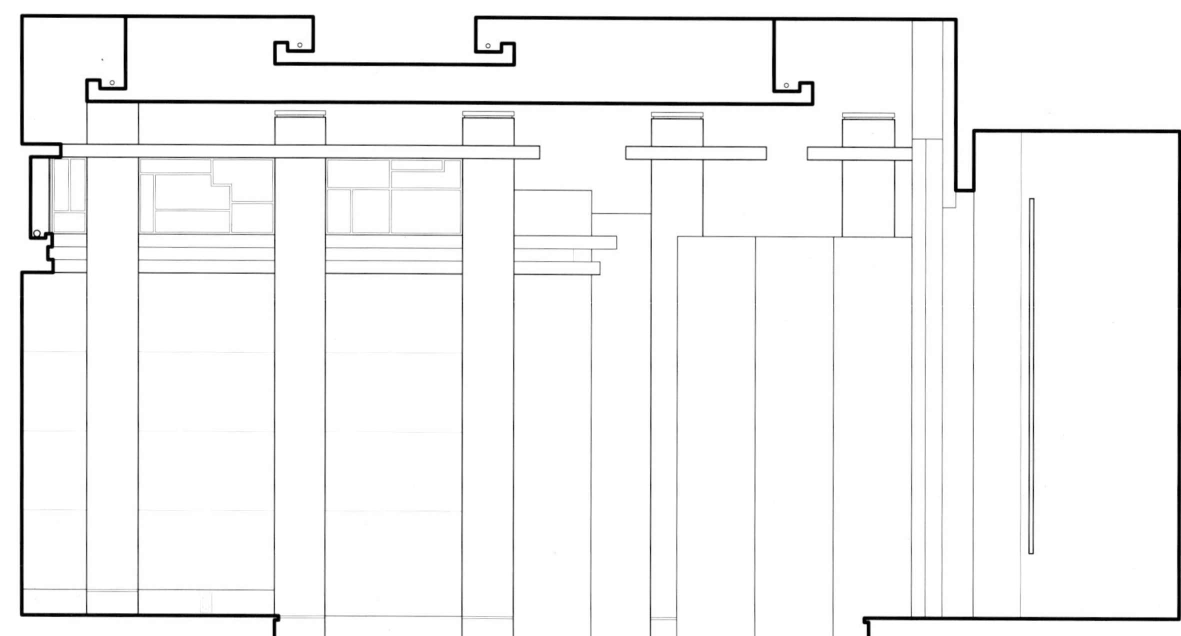

«Σ΄ αυτόν τον κινηματογράφο έχουμε απόδοση ενός τέλειου ακουστικού συστήματος», λέει ο DeGeorge. «Και επειδή ο κινηματογράφος έχει τοίχους από μπετόν, μπορώ να αυξήσω την ένταση όσο θέλω, χωρίς να ακούγεται τίποτα έξω».

Ο DeGeorge προτιμάει τις σύγχρονες ταινίες και απολαμβάνει τον κινηματογράφο του αρκετές φορές την εβδομάδα. «Έχει πολύ ζεστή ατμόσφαιρα. Μπορούμε να πάμε εκεί με το μπουρνούζι και τις παντόφλες. Μας αρέσουν οι μεγάλες ταινίες, πρόσφατα εξάλλου αγοράσαμε μια ανανεωμένη κόπια της ταινίας *Ο κόσμος είναι δικός μου*. Εάν υπήρξε ποτέ μια ταινία στην ιστορία της κινηματογραφικής τέχνης τόσο πολυεπίπεδη, είναι αυτή. Ακόμα και σ΄ αυτόν εδώ τον κινηματογράφο, τίποτα από αυτήν την ταινία δεν είναι μόνο ακριβώς αυτό που φαίνεται. Αλλά έτσι νιώθεις τη χαρά της ανακάλυψης. Αυτό θα πει τέχνη.

TUSCANY

ΑΝΑΒΙΩΣΗ ΤΗΣ ΙΤΑΛΙΚΗΣ ΥΠΑΙΘΡΟΥ ΣΤΗΝ ΑΚΤΗ ΤΗΣ ΓΕΩΡΓΙΑΣ

Μια από τις σκηνές που ο Frank Argenbright προτιμάει να προβάλλει για τους καλεσμένους του στον ιδιωτικό του κινηματογράφο είναι από την ταινία *Επαφή*, όπου η Τζόντι Φόστερ βρίσκεται σε έδαφος εξωγήινων. Σε μία σκηνή, που κυριολεκτικά καθηλώνει το θεατή, η πρωταγωνίστρια εμπλέκεται στο χωροχρόνο με ταχύτητα που καταλύει όλους τους φυσικούς νόμους του ήχου και του φωτός.

Πρόκειται για μία δυνατή σκηνή, ιδιαίτερα όταν προβάλλεται σε μεγάλη οθόνη, με ήχο αξιώσεων. Η σκηνή αυτή αναδεικνύει τις δυνατότητες του ιδιωτικού κινηματογράφου του Argenbright, καθώς και του οπτικοακουστικού του συστήματος που είναι ικανό να εκτοξεύσει το θεατή στο διάστημα, για ένα ταξίδι στο άγνωστο, στο πλευρό της πρωταγωνίστριας.

Οι επισκέπτες του Argenbright δε χρειάζεται καθόλου να μπουν σε διαστημόπλοιο για να ταξιδέψουν στο χωροχρόνο. Αρκεί να διαβούν το κατώφλι αυτού του χώρου ψυχαγωγίας, για να βρεθούν σε έναν άλλο τόπο, σ΄ ένα χωριό της Τοσκάνης, κάποιας άλλης εποχής.

Μόλις περάσουν το κατώφλι, το μαγικό ταξίδι ξεκινάει. Μετά την είσοδο αντικρίζουν μία καμάρα, με σκεπή από ξύλινα δοκάρια και, μέσα από αυτήν, διακρίνεται ένα χωριό, κάτω από τον έναστρο ουρανό. Τα σπίτια του έχουν σκεπές από κόκκινα κεραμίδια, προσόψεις από πέτρα και κονίαμα, σοβάδες που ξεφτίζουν, αποκαλύπτοντας τα τούβλα. Γύρω, κυπαρίσσια, αμπέλια, ακόμα και μία βρύση με τρεχούμενο νερό. Όλα έχουν την πατίνα του χρόνου, σ' έναν τόπο μιας άλλης εποχής.

Αυτή η ατμοσφαιρική αίθουσα προβολής είναι μια χαριτωμένη ιταλική πλατεία,
όπου ακόμα και η σκηνή έχει μορφή κτιρίου.

Πίσω από τα κλειστά παράθυρα και μέσα από μια πέτρινη πύλη, οι επισκέπτες απολαμβάνουν τη θέα ενός χωριού σκαρφαλωμένου σε μια πλαγιά, λουσμένου στο φως ενός εκθαμβωτικού ηλιοβασιλέματος. Είναι η μαγική στιγμή μεταξύ ημέρας και νύχτας που ο ήλιος στέλνει τις τελευταίες του ακτίνες μέσα από τα σύννεφα, όπου εμφανίζεται το είδωλο του φωτός που ορίζει την ημέρα, και στην ουσία το χρόνο, σαν μέσα από πρίσμα. Ψηλότερα, το χρώμα γίνεται μαβί, στη συνέχεια μαύρο και τη θέση του παίρνει ένας έναστρος ουρανός, από εκείνους που σήμερα μπορείς να απολαύσεις μόνο στα μέρη που δεν έχει αγγίξει ο πολιτισμός.

«Μου αρέσει να αισθάνομαι ότι βρίσκομαι στην ύπαιθρο, κάτω από τον έναστρο ουρανό», λέει ο Argenbright. «Με ηρεμεί. Έχω την αίσθηση ότι βρίσκομαι σε ένα πάρκο, με τα παράθυρα των γύρω κτιρίων φωτισμένα».

Παλιές πόρτες, ξύλινα δοκάρια, σοβάδες που ξεφτίζουν και μία βρύση (επάνω), μεταφέρουν τους ιδιοκτήτες στην Τοσκάνη. Η πόρτα αριστερά κρύβει το οπτικό-ακουστικό σύστημα.

Ο διάκοσμος, σε τοσκανικό ρυθμό, ταιριάζει με τη μεσογειακή ατμόσφαιρα του παραθαλάσσιου εξοχικού των Argenbright. Δίπλα από τα αγροτόσπιτα που υποδέχονται τους επισκέπτες, κοντά στην κεντρική πύλη και κάτω από το διώροφο πύργο του κρασιού στο χωλ που οδηγεί στο καθιστικό από την άλλη πλευρά του κινηματογράφου, ο ιδιοκτήτης και οι καλεσμένοι του μπορούν να απολαύσουν ένα ποτό και να φάνε ποπ κορν από την παλιομοδίτικη μηχανή.

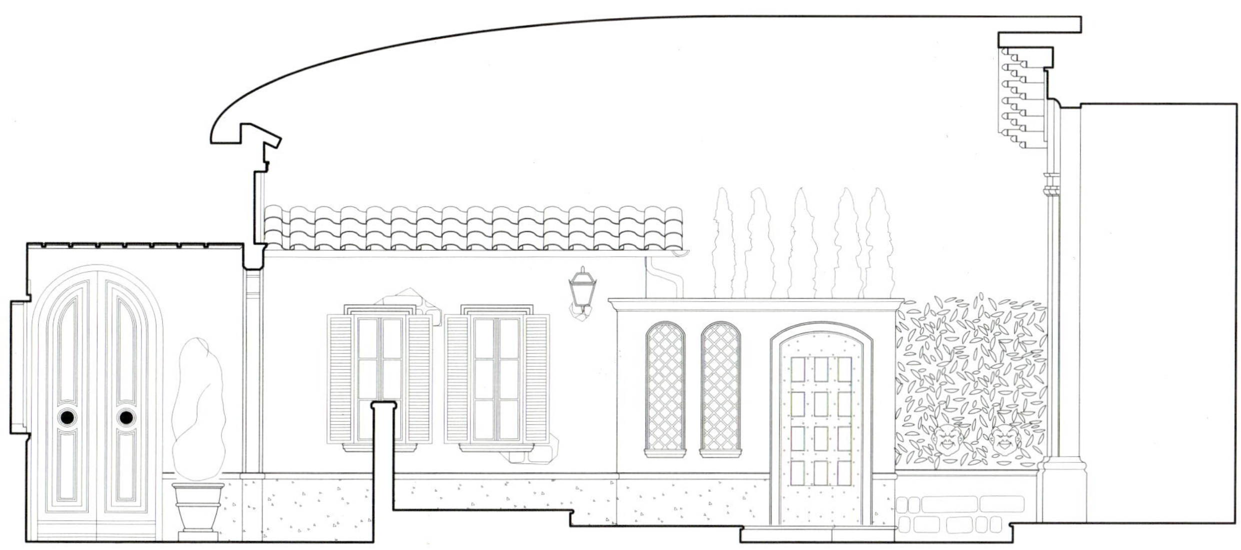

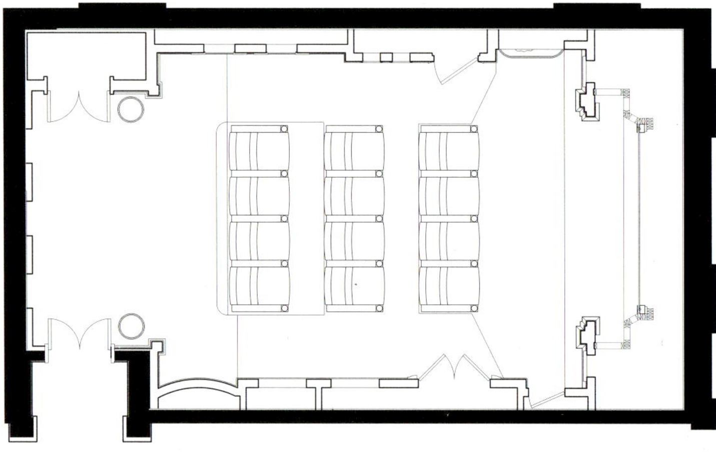

Οι εσωτερικές εγκαταστάσεις αποκαλύπτονται, και μία ολόκληρη σειρά κινηματογραφικών προβολέων χαιρετίζει την «αυταπάτη» που έχει δημιουργηθεί.

Το στιλ του κινηματογράφου θυμίζει μέρη ιδιαίτερα αγαπητά στον Frank και στην Cathy Argenbright, και όχι απαραίτητα μόνο τις εξοχές της Τοσκάνης που συχνά επισκέφθηκαν στα ταξίδια τους. Η Cathy πήγε στο Λύκειο της Ατλάντας και η τελετή απονομής των διπλωμάτων έγινε στο Fox Theater της πόλης, έναν «ατμοσφαιρικό» κινηματογράφο, διάσημο για τις μαυριτανικές προσόψεις του και τον έναστρο ουρανό του με λίγα σύννεφα. Το Fox αποτελεί για την Cathy γλυκιά ανάμνηση, έτσι, όταν οι Argenbright αποφάσισαν να φτιάξουν έναν κινηματογράφο στο σπίτι τους, η Cathy αναζήτησε μια αίσθηση ανάλογη με εκείνη του έναστρου ουρανού.

Στον Frank, η Τοσκάνη θυμίζει την εποχή που ήταν στη Φλωρεντία, σπουδάζοντας τέχνες. Οι πλατείες, οι δρόμοι, το συναίσθημα που προκαλεί ένας τόπος με τόση ιστορία και τέχνη, αναδεικνύονται μέσα από τους χρωματικούς τόνους και τα υλικά αυτού του κινηματογράφου. Φωτισμένα παράθυρα τονίζουν τη χαρακτηριστική αρχιτεκτονική της πόλης, ενώ τα μολυβένια φανάρια από την άλλη θυμίζουν τις μεσαιωνικές ρίζες της. Ένα αψιδωτό παράθυρο πάνω από μία σειρά από ξύλινες πόρτες, παρά το απλό του σχέδιο, έχει φλωρεντίνικη κομψότητα.

Οι καλεσμένοι των Argenbright έχουν την αίσθηση ότι βρίσκονται σε αληθινή πλατεία, κάπου στην Τοσκάνη. Ο Frank συνήθως τους προτείνει να δουν κάποια ταινία, αλλά, όπως λέει, ο διάκοσμος και το συναίσθημα που προκαλεί ο χώρος κάνουν πολλούς να επιθυμούν μουσική αντί για κινηματογραφική προβολή.

Η Cathy απολαμβάνει τους *Τρεις Τενόρους*, στην πέτρινη σκηνή. Το κτίσμα, με την οροφή από κόκκινα κεραμίδια, μοιάζει σαν να φιλοξενεί επί σκηνής τον Pavarotti, τον Domingo και τον Carreras, στη μέση μιας μικρής ιταλικής πλατείας.

Οι ταινίες δράσης εντυπωσιάζουν τον Frank, ιδιαίτερα λόγω του εξαιρετικής ποιότητας ηχητικού συστήματος, που διαθέτει ισχυρά ηχεία, κρυμμένα σε πέτρινες κατασκευές και στο πίσω μέρος κάποιων παραθύρων, ικανά να σε ταρακουνήσουν στο κάθισμά σου. «Δεν υπάρχει άλλος κινηματογράφος που να συγκρίνεται μ΄ αυτόν, εκτός από έναν κινηματογράφο Imax», λέει ο Frank. «Όταν σφυρίζουν οι σφαίρες, είναι σαν να τρυπούν τους τοίχους».

Αυτή η κομψή πόρτα χρησιμοποιείται για να δίνει πρόσβαση στο χώρο με τα μεγάφωνα που λειτουργούν μέσα από τα παράθυρα.

Φθαρμένες από το χρόνο κατασκευές από τούβλο και γυμνά δοκάρια δίνουν την πατίνα του χρόνου στο μικρό μας χωριό, μακέτα του οποίου εκτίθεται μέσα στον κινηματογράφο.

Εδώ υπάρχει ένα στοιχείο από Χόλλυγουντ. Οι τοίχοι από πέτρα, τούβλα και ασβέστη κατασκευάστηκαν στα στούντιο της εταιρείας J. Frederick Construction στο Connecticut. Όλος ο κινηματογράφος συναρμολογήθηκε και παρουσιάστηκε για την τελική έγκριση στους Argenbright προτού αποσυναρμολογηθεί και φορτωθεί για το Νότο. Για να προσδώσει ακόμα πιο ρεαλιστικό ήχο στον κινηματογράφο, ο Steven Haas, που σχεδιάζει ακουστική χώρου, έπρεπε να λάβει υπόψη του όλα τα υλικά που χρησιμοποιήθηκαν στις προσόψεις, για την καλύτερη επιλογή των θέσεων των ηχείων, αλλά και για τις πολλαπλές ακουστικές παρεμβάσεις που απαιτούσε το ηχητικό σύστημα. Σημαντικός αριθμός αυτών των παρεμβάσεων έχει γίνει στην οροφή, πίσω από το κοίλο του ουρανού.

Η αίσθηση του μεγάλου έναστρου ουρανού γίνεται πιο έντονη από 5.500 λαμπτήρες fiber-optic που μοιάζουν σαν άστρα που αναβοσβήνουν. «Σε κάνει πραγματικά να αισθάνεσαι ότι είσαι στο ύπαιθρο», λέει ο Frank, «έχει κάτι από Ντίσνεϋ».

Αντίθετα με ό,τι θα συνέβαινε στη χώρα του Ντίσνεϋ, ένα τεχνικό στοιχείο προβάλλεται με έμφαση. Στην οροφή ενός από τα κτίρια, μια σειρά από προβολείς φωτίζουν τη σκηνή σαν να πρόκειται για γύρισμα ταινίας.

«Είναι σαν να σου κλείνουν το μάτι για το φτιαχτό του πράγματος», λέει ο Καλομοιράκης.

Βλέπεις αυτό που θέλεις να δεις σ΄ αυτόν τον κινηματογράφο, όπως και στη μεγάλη οθόνη. Η ηρωίδα που υποδύεται η Τζόντι Φόστερ τελειώνει το εφιαλτικό της ταξίδι και ζει την πραγματοποίηση των ονείρων της, στην επαφή της με έναν κόσμο εξωγήινων. Το ταξίδι της Τζόντι που κρατάει έτη φωτός είναι η συνειδητοποίηση του είναι της. Τούτο το ταξίδι σε πάει μόνο μέχρι την Τοσκάνη, και ίσως λίγο μακρύτερα.

DIGITAL PALACE

ΚΛΑΣΙΚΗ ΑΡΧΙΤΕΚΤΟΝΙΚΗ ΣΤΗΝ ΙΝΔΙΑΝΑ

Θα μπορούσαμε να ονομάσουμε τον Scott Jones «Άνθρωπο της Αναγέννησης». Τα ενδιαφέροντά του ποικίλλουν: από την αστρονομία και τις αντίκες, ώς το να αφιερώνει τον ελεύθερο χρόνο του στα παιδιά του. Όταν οι Jones αγόρασαν και άρχισαν να ανακαινίζουν την αγγλικού ρυθμού εξοχική αγροικία στην Ινδιάνα, ο Scott φρόντισε να διατηρήσει τις αρχιτεκτονικές λεπτομέρειες της εποχής κατασκευής της, στις αρχές του 1900, αποκαθιστώντας προσεκτικά όλες τις ξύλινες κατασκευές και προσθέτοντας ένα μεγαλόπρεπο σαλόνι ανακτορικών διαστάσεων. Παράλληλα, μετέτρεψε αυτό το περασμένης εποχής σπίτι σε ζωντανό εργαστήρι μοντέρνας τεχνολογίας.

Ο Jones, εκτός από το γεγονός ότι ζει ως Άγγλος ευπατρίδης, είναι παθιασμένος με την υψηλή τεχνολογία και θεωρείται ένας «γκουρού» της μοντέρνας τεχνολογίας.

Στα τέλη της δεκαετίας του 1980 ανέπτυξε ένα σύστημα φωνητικού ταχυδρομείου που χρησιμοποιείται μέχρι σήμερα από το μεγαλύτερο μέρος των εταιρειών τηλεπικοινωνιών στον κόσμο. Πρόσφατα, ίδρυσε μια εταιρεία ηλεκτρονικών συστημάτων για ψυχαγωγία στο σπίτι, που ονομάζεται Escient Technologies.

Πριν κάμποσα χρόνια, όταν ο Jones βρισκόταν στη διαδικασία επέκτασης του κτήματος του, που τώρα καταλαμβάνει οκτώμισι περίπου στρέμματα, η Escient λανσάρισε το σύστημα Play, ένα σύστημα που σου επιτρέπει να διαλέξεις και να παίξεις οποιοδήποτε από τα 200 CD και DVD με το πάτημα ενός κουμπιού. Τότε αποφάσισε ότι ο καλύτερος τρόπος για να λανσάρει το νέο προϊόν της εταιρείας του ήταν να φτιάξει έναν ιδιωτικό κινηματογράφο.

Σε ένα μεγαλόπρεπο σαλόνι ανακτορικών διαστάσεων,
σ' αυτήν την αγγλικού τύπου αγροικία, βρίσκεται η είσοδος
σ' ένα διαφορετικό λαμπερό κόσμο που θυμίζει το τέλος του 19ου αιώνα

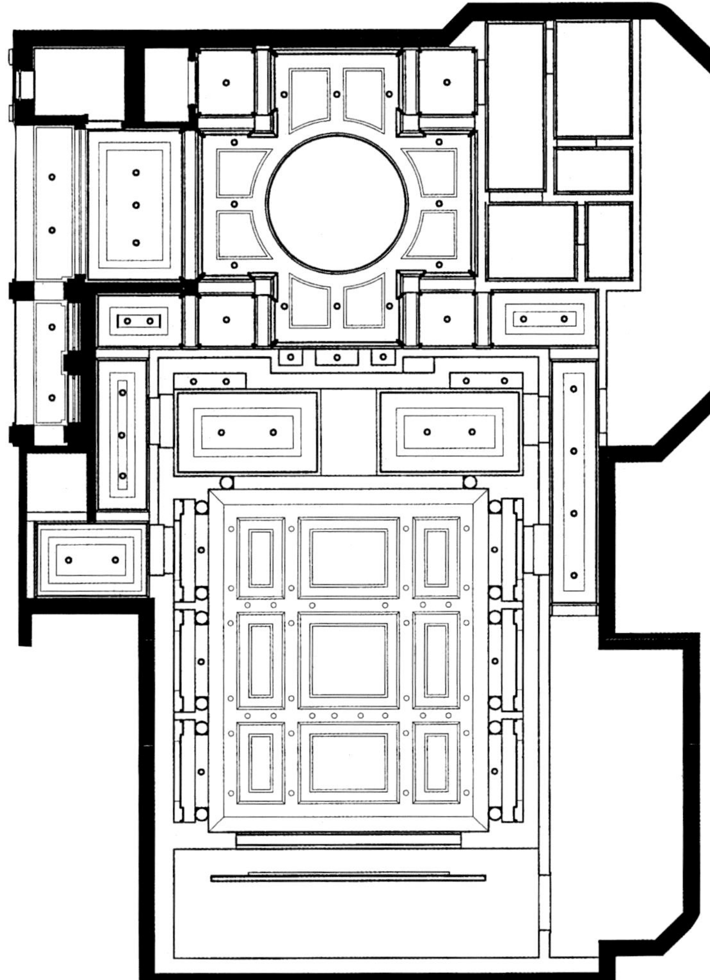

Όπως είναι φυσικό, δεν πρόκειται για ένα συνηθισμένο κινηματογράφο. Πρόκειται για ένα χώρο τέχνης, εξοπλισμένο με την τελευταία λέξη της τεχνολογίας. Θα έπρεπε εξάλλου η τεχνολογία να εναρμονιστεί με το ύφος της αγγλικής αγροικίας των αρχών του 20ού αιώνα. Έτσι, μπαίνοντας στο λόμπυ του κινηματογράφου του Jones, είναι σαν να βρίσκεσαι σε σαλόνι βικτωριανού ρυθμού, με λουλουδένια ταπετσαρία, επιπλωμένο με έναν άνετο καναπέ και ένα μπαρ από λουστραρισμένη καρυδιά. Η μόνη ένδειξη ότι ίσως πρόκειται για λόμπυ κινηματογράφου είναι οι ασπρόμαυρες κορνιζαρισμένες φωτογραφίες της Γκρέτα Γκάρμπο, του Φρεντ Αστάιρ και άλλων ηθοποιών. Μια ακόμα ένδειξη αποτελεί η θολωτή οροφή που σε προϊδεάζει για το κάτι ιδιαίτερο που πρόκειται να ακολουθήσει. «Τον παλιό καιρό, τα λόμπυ των κινηματογράφων ήταν σχεδιασμένα για να δίνουν την εντύπωση σαλονιών πλούσιων σπιτιών, να προσφέρουν στο θεατή την αίσθηση ότι βρίσκεται σε ένα χώρο ξεχωριστό», εξηγεί ο Θόδωρος Καλομοιράκης.

Πόρτες στις δύο άκρες του μπαρ οδηγούν σε διαδρόμους και σκάλες, αποκαλύπτοντας μια είσοδο σε κάτι το ξεχωριστό. Άμα περάσεις αυτήν την είσοδο, ένας διαφορετικός κόσμος παρουσιάζεται μπροστά σου. «Από τη στιγμή που θα κατεβείς τις σκάλες και θα μπεις στο θέατρο, μεταφέρεσαι κάπου αλλού», λέει ο Jones.

Το λόμπυ θυμίζει περισσότερο βικτωριανό σαλόνι, ενώ ο καναπές, η ταπετσαρία των τοίχων, σε συνδυασμό με τον πολυτελή διάκοσμο και τις λεπτομέρειες της οροφής, προετοιμάζουν τον επισκέπτη για κάτι ξεχωριστό που θα ακολουθήσει.

Κοιτάζοντας μέσα στον κινηματογράφο από το θεωρείο, συνειδητοποιείς όλη τη μεγαλοπρέπεια του χώρου και νιώθεις σαν να βρίσκεσαι βυθισμένος στην αναπαυτική πολυθρόνα ενός βασιλικού θεάτρου: πολύφωτα σε εγγλέζικο στιλ ανάμεσα σε τόξα και κολόνες και στο βάθος τοίχοι με επένδυση από μεταξωτό μπροκάρ. Ακολουθώντας την περίτεχνη κατασκευή της οροφής, το βλέμμα φτάνει στη μεγάλη σκηνή με τη μεγαλόπρεπη αυλαία, ενώ η αρχοντιά του κινηματογράφου σχεδόν σε κάνει να υποκλιθείς σε ένδειξη σεβασμού. Κάτι ιδιαίτερο πρόκειται να συμβεί.

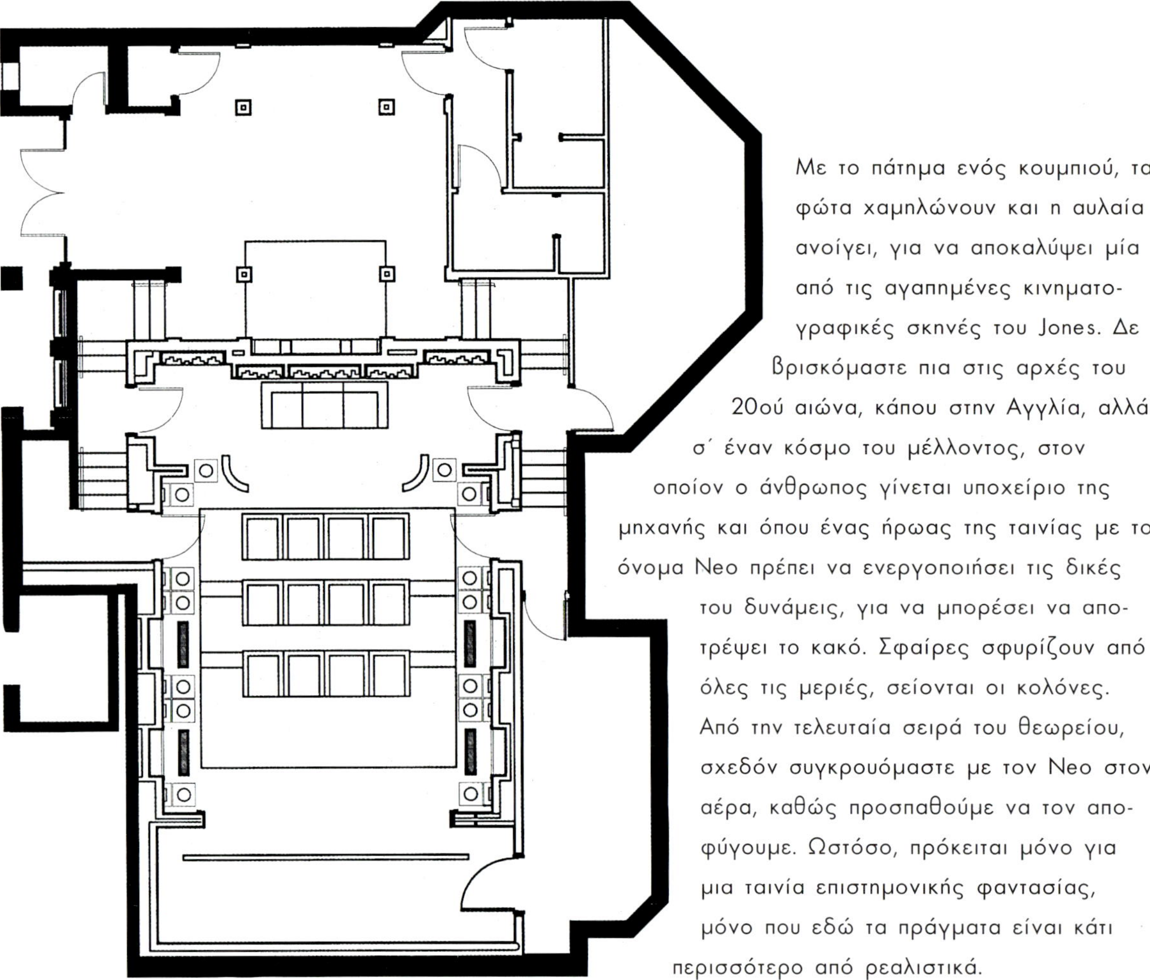

Με το πάτημα ενός κουμπιού, τα φώτα χαμηλώνουν και η αυλαία ανοίγει, για να αποκαλύψει μία από τις αγαπημένες κινηματογραφικές σκηνές του Jones. Δε βρισκόμαστε πια στις αρχές του 20ού αιώνα, κάπου στην Αγγλία, αλλά σ΄ έναν κόσμο του μέλλοντος, στον οποίον ο άνθρωπος γίνεται υποχείριο της μηχανής και όπου ένας ήρωας της ταινίας με το όνομα Neo πρέπει να ενεργοποιήσει τις δικές του δυνάμεις, για να μπορέσει να αποτρέψει το κακό. Σφαίρες σφυρίζουν από όλες τις μεριές, σείονται οι κολόνες. Από την τελευταία σειρά του θεωρείου, σχεδόν συγκρουόμαστε με τον Neo στον αέρα, καθώς προσπαθούμε να τον αποφύγουμε. Ωστόσο, πρόκειται μόνο για μια ταινία επιστημονικής φαντασίας, μόνο που εδώ τα πράγματα είναι κάτι περισσότερο από ρεαλιστικά.

Το σχέδιο του κινηματογράφου έδωσε τη δυνατότητα της δημιουργίας πολλαπλών επιπέδων, όπως ενός θεωρείου και διαδρόμων, απ' όπου ξεκινούν μερικά σκαλοπάτια, επιτείνοντας την αδημονία του επισκέπτη να φτάσει στην κεντρική αίθουσα.

Αυτή η αίσθηση δημιουργείται χάρη σε μια σειρά από υψηλής απόδοσης ηχεία που εκπέμπουν ήχο πίσω από τα διακοσμητικά πλαίσια των τοίχων και από την τεράστια σκηνή –μια σκηνή μήκους πέντε μέτρων– που προβάλλει εξαιρετικά ζωντανές εικόνες, με τη χρήση ενός συστήματος που ονομάζεται inter-polator, και χάρη στην εγκατάσταση ενισχυτών και συστημάτων ελέγχου που λειτουργούν στα παρασκήνια –ανάμεσά τους υπάρχουν και πολλά από την πρώην εταιρεία του Jones.

Το ερώτημα που τίθεται είναι το εξής: είναι ο Jones ένας σύγχρονος δούλος της τεχνολογίας, ή ο πυργοδεσπότης που ως σύγχρονος Matrix κατάφερε να κυριαρχήσει στον άνθρωπο και στη μηχανή;

Οι είσοδοι προς την κεντρική αίθουσα ξεκινούν διακριτικά
από τις δύο πλευρές του μπαρ-αναψυκτηρίου.

Πρώτα, φτάνει κανείς στο θεωρείο που διαθέτει το δικό του σύστημα ελέγχου, που λειτουργεί με οθόνη αφής (κέντρο επάνω). Ο προβολέας έχει τοποθετηθεί σε μια κλειστή κατασκευή πάνω από το θεωρείο (αριστερά).

Για τον Jones, η υψηλή τεχνολογία κάνει όλη τη διαφορά. «Την πρώτη φορά που είδα την ταινία *Μουλέν Ρουζ*, ήταν σε μια συσκευή τηλεόρασης πενήντα ή εξήντα ιντσών, και μου άρεσε», λέει. «Μετά, την είδα στο δικό μου κινηματογράφο και μπόρεσα να προσέξω πολύ περισσότερα πράγματα. Είδα λεπτομέρειες πάνω στην πίστα του χορού και άκουσα μικρές φράσεις που δεν είχα ακούσει την πρώτη φορά. Αυτός ο κινηματογράφος είναι ξεχωριστός. Μπορείς να δεις την ταινία και να παρακολουθήσεις το διάλογο, ακριβώς όπως θα ήθελε ο σκηνοθέτης να αποδοθεί.

Η δημιουργία αυτού του κινηματογράφου αποτελεί δείγμα της ικανότητας του Jones, αφού η κατασκευή του και η εγκατάσταση όλου του εξοπλισμού διήρκεσε μόνο λίγους μήνες. «Όταν είχαμε ήδη προχωρήσει αρκετά με το σχέδιο του σπιτιού και βάζαμε τα θεμέλια για τον κινηματογράφο, σκεφτήκαμε ότι θα μπορούσαμε να τον αξιοποιήσουμε χρησιμοποιώντας το δικό μας προϊόν», λέει ο Jones. «Ο πατέρας μου, που είναι εργολάβος, ανέλαβε την κατασκευή και χρησιμοποίησε τεχνίτες και εργάτες από προηγούμενες δουλειές».

Ο Jones αποφάσισε να ονομάσει αυτόν τον κινηματογράφο «Ψηφιακό Παλάτι», ένα λογοπαίγνιο που σχετίζεται με τα «ηλεκτρικά παλάτια» που εμφανίστηκαν στην Αγγλία στις αρχές του 20ού αιώνα. Η βιομηχανία του κινηματογράφου και η δημοτικότητα που απέκτησαν οι ταινίες είχαν δώσει τότε την ιδέα σε πολλούς επιχειρηματίες να μετατρέψουν μικρά καταστήματα σε αίθουσες κινηματογράφου. Οι προβολείς όμως εγκυμονούσαν κίνδυνο πυρκαγιάς. Έτσι, ένας νόμος επέβαλε τη δημιουργία ξεχωριστών αιθουσών, για λόγους ασφαλείας. Η εποχή των πολυτελών «ηλεκτρικών παλατιών», που έμοιαζαν με πολυτελείς κατοικίες, είχε γεννηθεί.

Ένα σχεδόν αιώνα αργότερα, ο Scott Jones καταφέρνει να «χαλιναγωγήσει» τη δύναμη της τεχνολογίας στην αγγλικού τύπου κατοικία του. Του αρέσει να κινηματογραφεί τα παιδιά του ενώ παίζουν σκετς, στέλνοντας το βίντεο απευθείας στο πλαϊνό ψηφιακό στούντιο. Το βίντεο κατόπιν γράφεται σε DVD κι αποθηκεύεται σε ένα Escient Power Play DVD Changer. Έτσι, ο Jones μπορεί, όποτε το θελήσει, να επιλέξει οποιαδήποτε «σπιτική» ταινία, ακουμπώντας με το δάκτυλο στη φωτογραφία κάποιας σκηνής της πάνω στο ειδικό κοντρόλ του κινηματογράφου.

Ο Jones, έχοντας αυτόν τον ιδιωτικό κινηματογράφο της εποχής του 1900 και διαθέτοντας την υψηλή τεχνολογία του σήμερα, δεν είναι μόνο άνθρωπος του τέλους του εικοστού, αλλά και του εικοστού πρώτου αιώνα.

Το θεωρείο προσφέρει «βασιλική» θέα. Ο κινηματογράφος, αν και δίνει την αίσθηση ότι ανήκει σε μια άλλη εποχή, είναι εξοπλισμένος με τα πιο εξελιγμένα οπτικοακουστικά συστήματα της σύγχρονης τεχνολογίας.

SOUTH BEACH

ΕΝΑΣΤΡΕΣ ΝΥΧΤΕΣ ΣΤΟ ΜΑΪΑΜΙ

Ο πρώην σταρ του μπέιζμπολ, Chili Davis, διαθέτει έναν καταπληκτικό «υπαίθριο» κινηματογράφο. Στις τρεις πλευρές του υπάρχουν τα διάσημα κτίρια του Μαϊάμι, ένα σκηνικό γεμάτο ζωή, έντονους ρυθμούς, ταραγμένες νύχτες, και μια αρχιτεκτονική κάποιας εποχής που υπήρξε το σύμβολο του μοντέρνου τρόπου ζωής.

Όμως ο κινηματογράφος του Chili δεν ακολουθεί τους ρυθμούς του Μαϊάμι. Είναι ήσυχος και ειρηνικός. Το γλυκό φως του ηλιοβασιλέματος λούζει τα δεκατρία κτίρια, απομίμηση των πιο διάσημων κατασκευών της Συνοικίας Αρ Ντεκό. Εδώ συνυπάρχει ο πληθωρικός μοντερνισμός του Breakwater με τη χαρωπή πολυπλοκότητα του Carlyle και του Collins Park, η αισιοδοξία του Plymouth, οι πλούσιες καμπύλες του Grescent και οι διαχρονικοί ρυθμοί του Cameo, του Shelborne, του Delano, του Mc Alpin, του New Yorker, του Ritz Plaza, του Waldorf Towers και του Governor.

Όταν ο Davis κάθεται σε ένα από τα καθίσματα, έχει την αίσθηση ότι βρίσκεται ξαπλωμένος σ΄ αυτήν την υπέροχη ακτή, με τα διαφημιστικά Νέον να χορεύουν στον ορίζοντα. Πόσο υπέροχη είναι η θέα, καθώς λάμπουν τα αστέρια σαν σε αληθινό ουρανό, και ο Davis μπορεί να διακρίνει όποιον αστερισμό επιθυμεί: Τι θα λέγατε για τον Αιγόκερω; Μήπως το Σκορπιό και τον Καρκίνο; Ή τη Μικρή και τη Μεγάλη Άρκτο;

Κτίρια του Μαϊάμι, όπως το Breakwater και το Shelborne αναπαραστάθηκαν με ιδιαίτερη επιμέλεια, με φόντο τα χρώματα του ηλιοβασιλέματος.

Γνωστά κτίρια της Νότιας Ακτής, όπως το Carlyle, το Ritz Plaza και το Collins Park, δίνουν στους ιδιοκτήτες την αίσθηση ότι βρίσκονται σε ανοιχτό χώρο μέσα στη νύχτα.

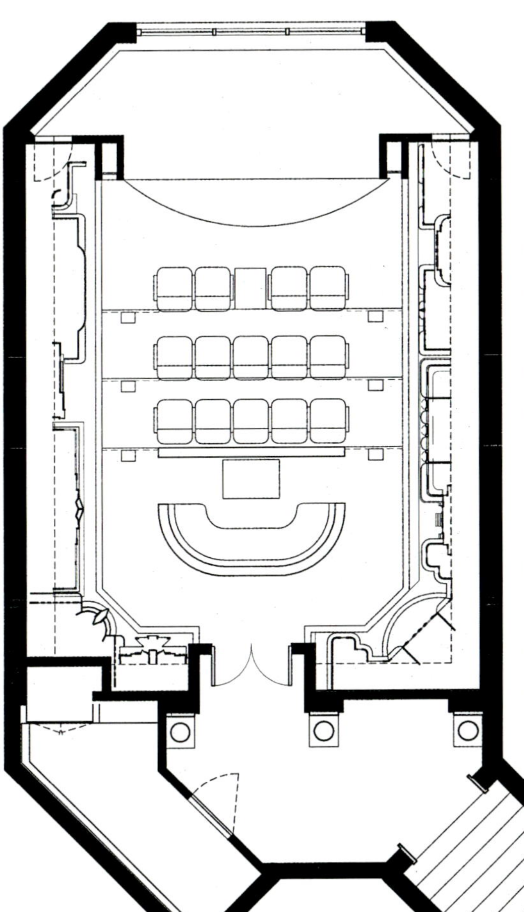

Και βέβαια θα ήταν παράλειψη να μην αναφερθούμε στην τεράστια οθόνη, όταν ζωντανεύει από υπέροχες ταινίες. Αλλά ακόμα και όταν δε συμβαίνει αυτό, ο Chili ξεκουράζει το βλέμμα του στη θέα της πρωτεύουσας της Αριζόνας, που εμφανίζεται πίσω από την οθόνη. Μοιάζει η εικόνα της με τα κτίρια του Μαϊάμι που κοσμούν σε μικρογραφία το χώρο του κινηματογράφου.

Πραγματικά, μόνο όταν γυρίσει κανείς την πλάτη του στον κινηματογράφο, θα συνειδητοποιήσει ότι δε βρίσκεται στην ακτή του Μαϊάμι, αλλά στους γυμνούς λόφους πάνω από το Phoenix, στην Αριζόνα.

Ο θαυμαστός κόσμος της ακτής του Μαϊάμι του Chili Davis έκανε επτά ολόκληρα χρόνια να ολοκληρωθεί λόγω των υποχρεώσεών του στο μπέιζμπολ, αλλά και λόγω της άκρας τελειομανίας του. Όλα ξεκίνησαν με την εξής απλή σκέψη: «Ήθελα να φτιάξω έναν πολύ αξιόλογο κινηματογράφο», θυμάται ο Chili. «Μέναμε στη Νέα Υόρκη και, ενώ κοίταζα τον ουρανό, σκεπτόμουν ότι θα ήταν υπέροχο να φτιάξω έναν κινηματογράφο με έναστρο ουρανό».

Όμως το Μανχάταν με τους ουρανοξύστες του παρουσίαζε κάποια προβλήματα. Δεν ήταν δυνατό να δοθεί η κλίμακα εκείνων των κτιρίων σε ένα μονώροφο κτίσμα. Ο Davis σκέφτηκε επίσης το Σαν Φρανσίσκο, με μια γέφυρα να συνδέει τα δύο άκρα της αίθουσας προβολής. Τα πράγματα άλλαξαν δραστικά όταν ο Θόδωρος Καλομοιράκης επισκέφθηκε την Ακτή του Μαϊάμι, προκειμένου να συνεργαστεί στην αναστήλωση ενός θεάτρου, στην περιοχή Αρ Ντεκό. «Περιηγήθηκα την περιοχή και εντυπωσιάστηκα από τα χρώματα και τα σχήματα αλλά και το στιλ της αρχιτεκτονικής», λέει ο Καλομοιράκης. «Τότε είπα στον Chili ότι η Νότια

SHELBORNE
CAMEO
CAMEO

No, Dorothy, you are definitely not in Kansas anymore.

Ακτή ήταν η καλύτερη επιλογή, γιατί τα μεγέθη είναι προσεγγίσιμα. Στη συνέχεια, ψάξαμε και βρήκαμε όλα τα βιβλία που αναφέρονταν στην αρχιτεκτονική της Νότιας Ακτής και τα μελετήσαμε καλά».

Αφού επιλέχθηκαν τα κτίρια, η ομάδα του Καλομοιράκη έκανε σχέδια για κάθε κατασκευή και μελέτησε τα χρώματα, συγκρίνοντάς τα με εκείνα των πραγματικών κτιρίων.

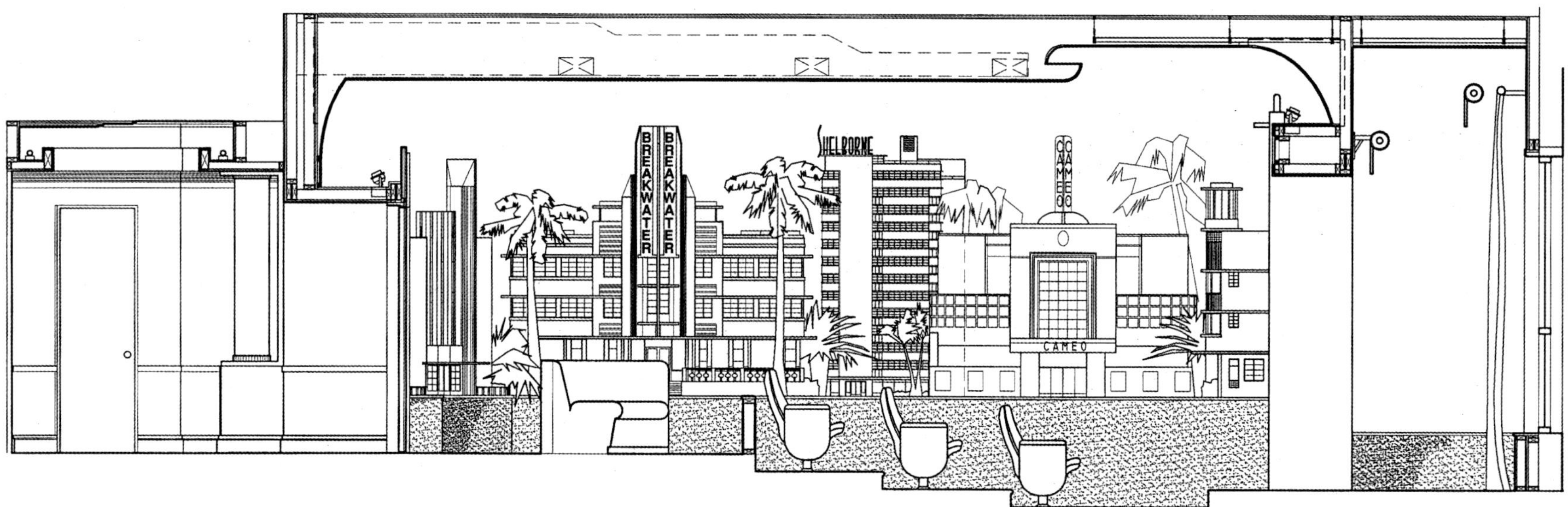

Τα υλικά που χρησιμοποιήθηκαν για την κατασκευή των κτιρίων πέρασαν από επεξεργασία ηλεκτρονικού υπολογιστή, για να μπορέσουν να κοπούν με ακρίβεια τα πολλά παράθυρα. Όταν τα κτίρια κατασκευάστηκαν, προστέθηκαν οι αρχιτεκτονικές λεπτομέρειες και βάφτηκαν με χρώματα ανάλογα με εκείνα των κτιρίων της Νότιας Ακτής.

Η κατασκευή ξεκίνησε σε μια νέα Νότια Ακτή, αυτήν τη φορά στο Connecticut, στα στούντιο κατασκευών J. Frederick. Τα περιγράμματα των κτιρίων σχεδιάστηκαν με τη βοήθεια υπολογιστή, το ίδιο έγινε και για τους τοίχους, καθώς έπρεπε να υπάρχει απόλυτη ακρίβεια, αφού επρόκειτο να ανοιχτούν πολλά παράθυρα. Οι επιμέρους λεπτομέρειες, οι φωτοσκιάσεις και τα διάφορα στοιχεία Αρ Ντεκώ αποδόθηκαν με ιδιαίτερη επιμέλεια. Τελικά, τα κτίρια φορτώθηκαν για το σπίτι του Davis στο Phoenix, συναρμολογήθηκαν, βάφτηκαν και σε ορισμένες περιπτώσεις ξαναβάφτηκαν, σύμφωνα με τα κτίρια της Νότιας Ακτής, μετά από τις ανακαινίσεις που είχαν μεσολαβήσει.

Η λεπτομέρεια παίζει τον πρώτο ρόλο σ΄ αυτά τα κτίρια. Σε μερικές περιπτώσεις, υπάρχουν μεγάφωνα πίσω από τα πάνινα παράθυρα για τη μετάδοση του ήχου. Στο βάθος, η πρόσοψη του Governor ανοίγει όπως οι πόρτες εισόδου του κινηματογράφου, ενώ ένας προβολέας από κάποιο σημείο στο πάνω μέρος του κτιρίου ρίχνει το φως του στο χώρο.

PLYMOUTH
PLYMOU

Για περισσότερη θεατρικότητα, ειδικοί προβολείς, με ακρίβεια τοποθετημένοι, φωτίζουν τα κτίρια και τονίζουν το γλυκό φως του ηλιοβασιλέματος, που αναπαράγεται ζωγραφικά στους πίσω τοίχους. Το τελικό αποτέλεσμα θυμίζει την πρώτη σκηνή της ταινίας *The Birdcage*, καθώς η κάμερα γλιστράει πάνω από το νερό και κατευθύνεται προς τις απαλές αποχρώσεις του Ocean Drive.

«Ο κινηματογράφος είναι το αγαπημένο μέρος του σπιτιού», λέει ο Davis. «Αυτό που απολαμβάνω περισσότερο σ΄ αυτόν είναι το αίσθημα της φυγής που μου προκαλεί». Του αρέσει κατά καιρούς να απομονώνεται εκεί, μακριά από τον έξω κόσμο, ενώ ακούει απαλή τζαζ και καπνίζει ένα πούρο, σαν να ήταν ξαπλωμένος κάτω από τα άστρα της Νότιας Ακτής.

Αργότερα, μπορεί να συγκεντρωθεί και η οικογένεια για να απολαύσουν ταινία δράσης ή να ψυχαγωγηθούν με μικρές οικογενειακές παραστάσεις. Εξάλλου, οι χαρές ενός κινηματογράφου μπορούν να ποικίλλουν όσο και οι άνθρωποι της Νότιας Ακτής, που ο καθένας τους γιορτάζει με το δικό του τρόπο την αστείρευτη χαρά της ζωής αυτού του τόπου. Μπορεί να τους χωρίζουν κάποιες δεκάδες χρόνια ή μερικές χιλιάδες μίλια, αλλά η Νότια Ακτή τούς ενώνει.

Ένας προβολέας ρίχνει το φως του από το Governor, το οποίο ανοίγει επίσης όπως οι πόρτες εισόδου του κινηματογράφου. Μεγάφωνα κρύβονται πίσω από κάποια από τα κτίρια.

LUNADA SUNSET

ΓΑΛΛΙΚΗ ΠΑΡΑΔΟΣΗ Σ' ΕΝΑ ΠΡΟΑΣΤΙΟ ΤΟΥ ΛΟΣ ΑΝΤΖΕΛΕΣ

Είναι φορές που η Jeanie Blum, καθισμένη σ' ένα βράχο, κοντά στο σπίτι της στη Νότια Καλιφόρνια, απολαμβάνει τις γλυκιές αποχρώσεις, καθώς φεύγει η μέρα, στον κόλπο της Lunada. Δεν έχει όμως την ευκαιρία να το κάνει αυτό συχνά, γιατί η δουλειά της –να οργανώνει «χαβανέζικες αποδράσεις» για τους άλλους– της παίρνει πολύ από το χρόνο της.

Στη Blum αρέσει να δουλεύει προσφέροντας τις υπηρεσίες της στους άλλους. Έτσι, η εξαιρετικά επιτυχημένη εργασία της την κρατάει απασχολημένη λόγω των επαγγελματικών ταξιδιών που κάνει για χάρη των πελατών της. Και όμως, όταν κάθομαι σ' αυτόν το βράχο, «στην κυριολεξία ξεχνάω τα πάντα», λέει η Blum. «Όταν δύει ο ήλιος και βλέπω τα υπέροχα χρώματα, αυτό το θέαμα με κάνει να ηρεμώ».

Η Blum θυμάται πως νιώθει το ίδιο συναίσθημα όπως τότε που ήταν μαθήτρια και σύχναζε στο Uptown ή στο Chicago Theater, στην ιδιαίτερη πατρίδα της, το Σικάγο, θαυμάζοντας τις περίτεχνες λεπτομέρειες και το χαριτωμένο ντεκόρ αυτών των κινηματογράφων.

Έτσι, όταν η Blum αποφάσισε να χτίσει μία βίλα μεσογειακού ρυθμού κοντά στον κόλπο της Lunada και διάβασε ένα άρθρο για έναν ιδιωτικό κινηματογράφο με το όνομα Uptown που είχε σχεδιάσει κάποιος Καλομοιράκης, οι αναμνήσεις ζωντάνεψαν και την κυρίευσαν. «Ήθελα κάτι που να ταιριάζει με το μεσογειακό χαρακτήρα του σπιτιού και φανταζόμουν ένα κλασικό και παραδοσιακό στιλ, όπως το παλιό Uptown, στο Σικάγο», λέει η Blum. «Μου αρέσουν τα παλιομοδίτικα θέατρα που είναι κλασικά και ρομαντικά».

Το λόμπυ έχει ένα ζεστό, κλασικό στιλ, με το χρυσό θόλο του, την κονσόλα με επικάλυψη από φύλλο χρυσ
και τα ταπετσαρισμένα με ύφασμα διακοσμητικά πλαίσια των τοίχων.

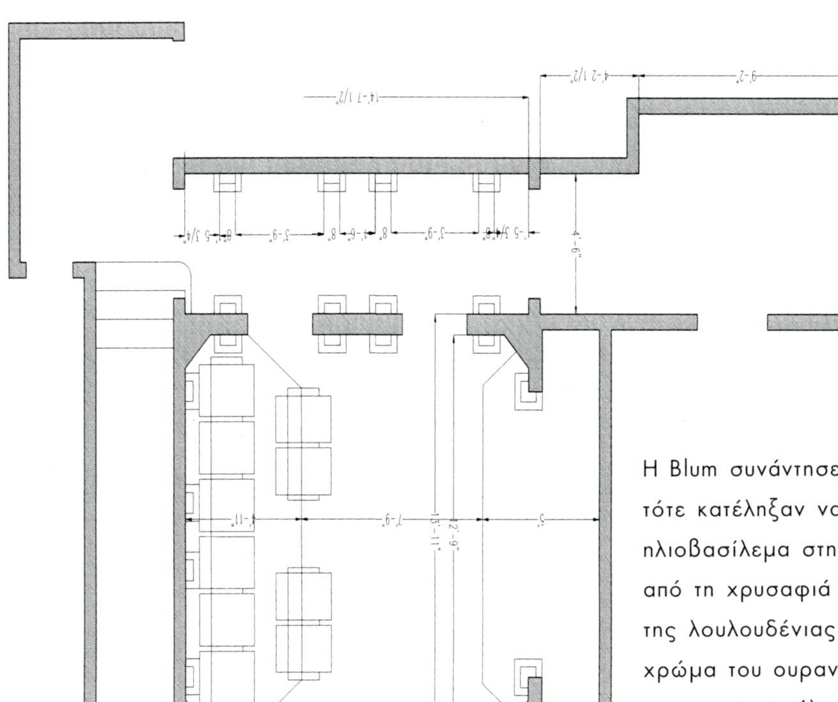

Η Blum συνάντησε τον Καλομοιράκη στην Ακτή του Ειρηνικού και τότε κατέληξαν να δώσουν στον κινηματογράφο μια αίσθηση από ηλιοβασίλεμα στη Lunada. Οι επισκέπτες το νιώθουν αυτό, μέσα από τη χρυσαφιά λάμψη του θολωτού λόμπυ, το γλυκό ροζ τόνο της λουλουδένιας ταπετσαρίας των τοίχων που μοιάζει με το χρώμα του ουρανού, καθώς ο ήλιος χάνεται στη δύση. Όταν περάσουν στο μεγάλο χωλ, η λάμψη γίνεται εντονότερη, με πλούσιο χρυσαφί φως και πινελιές από βυσσινί και ροζ. Οι αυστηρές ημιπαραστάδες με τα ιωνικού ρυθμού κιονόκρανα και οι αψίδες έχουν και αυτά μια χρυσαφιά απόχρωση.

Μέσα από τα αψιδωτά ανοίγματα αποκαλύπτεται η χρωματική πανδαισία ενός ήλιου που δύει, με τους βαθιούς τόνους σε βυσσινί και χρυσό που επαναλαμβάνονται στην αυλαία, στα καθίσματα, στα διακοσμητικά πλαίσια των τοίχων και στο βιολετί της φατνωματικής οροφής του θεάτρου. Είναι η στιγμή που θέλουμε να αρπάξουμε και να κρατήσουμε, αλλά και πάλι τυχεροί θα είμαστε εάν συλλάβουμε έστω και το φευγαλέο πέρασμά της, προτού πέσει το σκοτάδι.

Για τη Jeanie Blum, αυτός ο κινηματογράφος κατάφερε να συγκρατήσει κάτι από το παρελθόν της που νόμιζε ότι είχε για πάντα χαθεί. «Έχω το ίδιο συναίσθημα όπως όταν κάθομαι στο βράχο και κοιτάζω το ηλιοβασίλεμα», λέει. «Όταν βρίσκομαι στον κινηματογράφο, γυρίζω στα παιδικά μου χρόνια και θυμάμαι τις όμορφες στιγμές. Δημιουργώντας μια δική μου επιχείρηση, ξέχασα να απολαμβάνω την ίδια μου τη ζωή, αλλά αυτός ο κινηματογράφος μού έδωσε πίσω κάτι από τον παλιό μου ενθουσιασμό».

Η Blum παραδέχεται ότι είναι αθεράπευτα ρομαντική, αφού τα αγαπημένα της έργα είναι το *Όσα Παίρνει ο Άνεμος*, ο *Δόκτωρ Ζιβάγκο*, και η *Καζαμπλάνκα*, που τώρα μπορεί να τα απολαμβάνει μέσα σε ατμόσφαιρα που θυμίζει τους παραδοσιακούς κινηματογράφους της νιότης της, στο Σικάγο.

Από τον πλαϊνό διάδρομο διακρίνουμε μέσα από τις καμάρες την αίθουσα του κινηματογράφου σε γαλλικό, παραδοσιακό στιλ. Την κονσόλα του κοντρόλ, πάντως, την έχουν κρύψει με πολλή προσοχή.

GARBO

POPCORN
la Pavoni
SUGAR BABIES
Tootsie
Tootsie

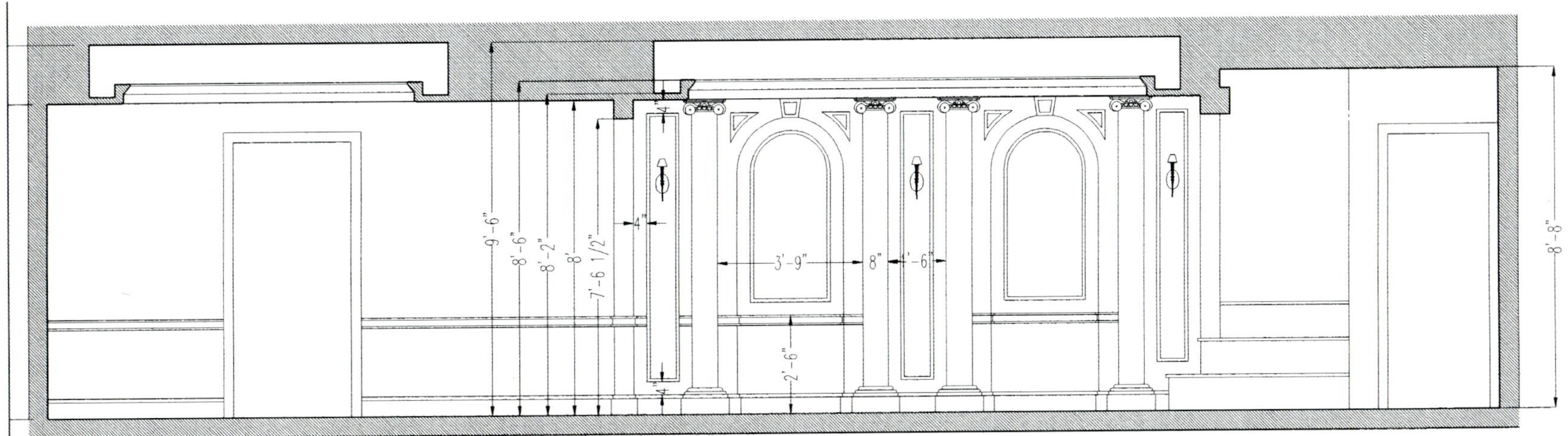

Αρχιτεκτονικές λεπτομέρειες και διακόσμηση έχουν κάτι το κλασικό. Ακόμα και η σύγχρονη απόλαυση ενός σνακ-μπαρ παίρνει, με τη μηχανή για εσπρέσσο, τη χάρη του παλιομοδίτικου.

Μη φανταστείτε όμως πως η Blum κάθεται μόνη στον κινηματογράφο της, με μάτια υγρά, καθώς αναλογίζεται τα ρομαντικά «ίσως» της ζωής της. Ο κινηματογράφος τής δίνει τη δυνατότητα να καλεί συχνά φίλους για να περάσουν μια βραδιά ιδιαίτερη. «Όταν προσκαλώ φίλους, η βραδιά συνήθως καταλήγει στον κινηματογράφο», λέει η Blum. «Είναι ένα υπέροχο μέρος, νομίζεις ότι δεν βρίσκεσαι σε σπίτι αλλά σε έναν πραγματικό παλιομοδίτικο κινηματογράφο».

«Η οικογένειά μου και οι φίλοι μου αγαπούν το φαγητό. Έτσι έχουμε ένα χώρο στο πίσω μέρος, με ποπ κορν και χοτ ντογκς, γιατί στο Σικάγο μάς αρέσει να τρώμε χοτ ντογκς». Υπάρχει επίσης μία μηχανή για καφέ εσπρέσσο που ικανοποιεί τα πιο σύγχρονα γούστα της ιδιοκτήτριας. Ακόμα και αυτή όμως είναι σε χρυσαφιά απόχρωση.

Για τη Jeanie Blum αυτό το ηλιοβασίλεμα δε σημαίνει το τέλος της ημέρας. Για την ίδια, αυτό το «Ηλιοβασίλεμα στη Lunada» σημαίνει την αρχή μιας όμορφης, λαμπερής βραδιάς.

TOLEDO

ΚΛΑΣΙΚΟΣ ΜΑΥΡΙΤΑΝΙΚΟΣ ΡΥΘΜΟΣ ΣΤΗ ΒΟΡΕΙΑ ΚΑΛΙΦΟΡΝΙΑ

Ο επιχειρηματίας που ασχολείται με την υψηλή τεχνολογία και είναι ιδιοκτήτης αυτού του σπιτιού, ζει σε ένα «παγκόσμιο χωριό». Επτά διαφορετικές γλώσσες μιλιούνται σ΄ αυτό το νοικοκυριό. Όταν ο ίδιος και η οικογένειά του επέστρεψαν για μόνιμη εγκατάσταση στην Καλιφόρνια, έψαχναν για ένα σπίτι που να εκφράζει την ισπανική κληρονομιά της περιοχής. Οι πρόγονοι του ιδιοκτήτη είχαν ζήσει στην Ισπανία κατά το Μεσαίωνα, κοντά στην τότε πρωτοποριακή πόλη του Τολέδο. Έτσι εξηγείται και το ενδιαφέρον του ίδιου για την ισπανική αποικιακή αρχιτεκτονική, με κάποιες μαυριτανικές επιρροές.

Παρ' όλο που στην περιοχή δεν υπήρχαν πολλές ισπανικές κατοικίες από την εποχή της αποικιοκρατίας, κατάφερε να βρει μία που είχε κατασκευαστεί γύρω στο 1920, στο ισπανικό αναγεννησιακό στιλ του 1700. Το σπίτι είχε χτιστεί από ένα ζευγάρι με προωθημένες ιδέες για την εποχή τους: ο σύζυγος ήταν συγγραφέας κοινωνικών διηγημάτων και η σύζυγος φεμινίστρια και διάσημη συγγραφέας. Η σύζυγος ήταν από τις πιο ακριβοπληρωμένες επαγγελματίες του είδους, με πολλές γνωριμίες, έτσι το ζευγάρι χρησιμοποίησε το ισπανικού ρυθμού σπίτι του για να καλεί διασημότητες από τη Νέα Υόρκη και το Χόλλυγουντ.

«Υπήρχε ένας χώρος, διαμορφωμένος σε αίθουσα μπιλιάρδου, που τον είχε κατασκευάσει ο σύζυγος, ενάντια στην επιθυμία της συμβίας του», λέει ο τωρινός ιδιοκτήτης. «Τότε, σκέφτηκα πως αυτός ο χώρος θα μπορούσε να γίνει ένας θαυμάσιος κινηματογράφος».

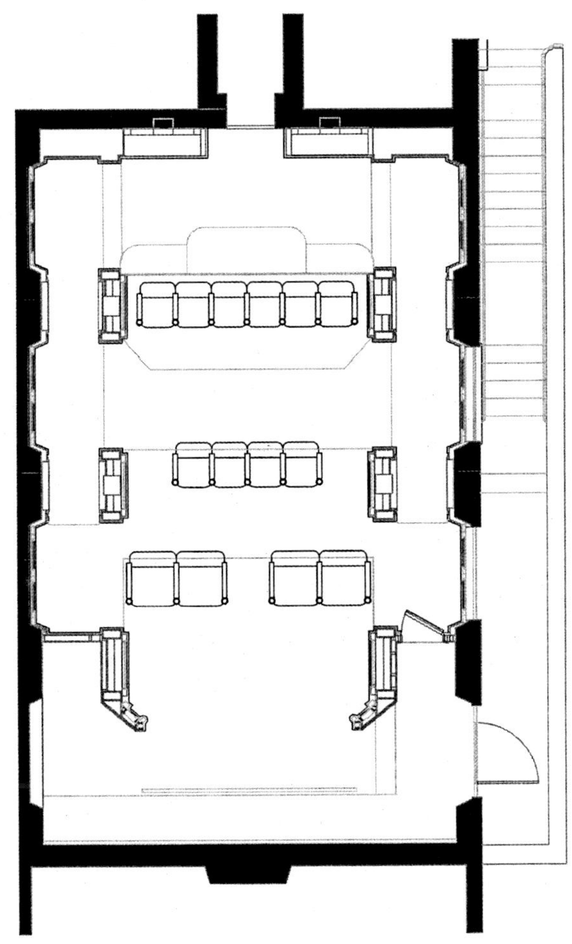

Στοιχεία μαυριτανικού ρυθμού, όπως κεραμεικά και πολύπλοκα σχέδια, έχουν δώσει στην οροφή και το φωτιστικό κάτι που σίγουρα προσελκύει το βλέμμα.

Κατεβαίνοντας τα σκαλιά που οδηγούν στον κινηματογράφο μέσα από ένα τούνελ, έχετε αμέσως μία διπλή αίσθηση: της ισπανικής αποικιακής κληρονομιάς και του πνεύματος των σημερινών ιδιοκτητών. Είναι σαν να βρίσκεστε στο δροσερό καταφύγιο μιας «χασιέντα», σε αναζήτηση κάποιου κρυμμένου θησαυρού, ενός κελαριού με κρασί ίσως. Στην οροφή του τούνελ λάμπουν, λουσμένοι στο φως, οι αστερισμοί του Λέοντα και του Ζυγού, τα ζώδια των δύο παιδιών του ιδιοκτήτη.

Μόλις περάσετε τη λίθινη αψιδωτή είσοδο, θα βρεθείτε σε ένα μαυριτανικό παλάτι, διακοσμημένο με πλούσια υλικά σε έντονα χρώματα, με θαυμάσια αραβουργήματα στους τοίχους και τις οροφές και το προσκήνιο περίτεχνα φτιαγμένο με κεραμεικά που θυμίζουν μαυριτανικό ρυθμό. «Υπάρχει γεωμετρία μέσα στη γεωμετρία», λέει ο ιδιοκτήτης.

Εξάγωνα και τετράγωνα σχήματα κοσμούν την οροφή, αστέρια και έλικες πλέκονται μεταξύ τους και δημιουργούν σχέδια σαν διαμάντια, τετράγωνα και τρίγωνα, στα εντυπωσιακά κιγκλιδώματα, κατά μήκος των πλαϊνών τοίχων. Όλοι αυτοί οι γεωμετρικοί συνδυασμοί συναντιούνται στο ζωηρόχρωμο προσκήνιο. Το σύνολο δημιουργεί την αίσθηση ότι υπάρχει κάτι βαθύτερο από αυτό που συλλαμβάνει το μάτι και ότι, εάν εντείνεις την προσοχή σου, θα έχεις την πλούσια ανταμοιβή σου. «Στη μαυριτανική αρχιτεκτονική, τα γεωμετρικά σχέδια μπορεί να τα συλλάβει κανείς με πολλούς και διαφορετικούς τρόπους», λέει ο ιδιοκτήτης.

Οι θόλοι της οροφής και τα μετάλλινα πλέγματα στους τοίχους δίνουν μια αίσθηση πολυτέλειας και μεγαλείου.

Οι επισκέπτες μπαίνουν στον κινηματογράφο μέσα από ένα τούνελ και μια αψιδωτή λίθινη είσοδο, που δεν αποκαλύπτουν παρά ελάχιστα από τα όσα κρύβονται πιο μέσα.

Ο χώρος ξανασκάφτηκε για να χωρέσει είκοσι ένα καθίσματα που τοποθετήθηκαν αμφιθεατρικά, ενώ ένας ολόκληρος τοίχος μετακινήθηκε για να δημιουργηθεί χώρος για το βαρύ εξοπλισμό. Αυτό δεν ήταν εύκολο εγχείρημα, δεδομένου ότι το σπίτι περιλαμβάνεται στον Εθνικό Κατάλογο Ιστορικών Χώρων και για οποιαδήποτε εξωτερική επέμβαση απαιτείται ειδική άδεια.

Αυτό δεν ήταν παρά μόνο η αρχή από τα προβλήματα που αντιμετωπίστηκαν για την κατασκευή ενός ιδιωτικού κινηματογράφου σε αυτό το ιστορικό σπίτι. «Υπήρχαν πολλά προβλήματα σχετικά με τη γεωμετρία του χώρου που ζητούσαν λύση», θυμάται ο ιδιοκτήτης. Ο Θόδωρος Καλομοιράκης σχεδίασε τον κινηματογράφο με βάση τον υπάρχοντα χώρο που είχε διάφορες ιδιαιτερότητες, όπως, για παράδειγμα, πολλούς θόλους. Άλλα πάλι μέρη της οροφής διακοσμήθηκαν με δοκούς από σκούρο ξύλο, για να δέσουν με τους γυμνούς δοκούς του υπόλοιπου σπιτιού και να δημιουργήσουν ένα αρμονικό σύνολο.

Ο Grilles σχεδίασε για τις δυο πλευρές του κινηματογράφου ηχεία που δεν φαίνονται και έγινε προσπάθεια όλα τα στοιχεία να τοποθετηθούν με ακρίβεια εκατοστού, για να είναι εξίσου καλή τόσο η εμφάνιση όσο και η απόδοση. «Η αίθουσα εναρμονίζεται απόλυτα με το υπόλοιπο σπίτι», λέει ο ιδιοκτήτης, «αλλά μόλις περάσεις το τούνελ, βρίσκεσαι σε έναν άλλο κόσμο».

Ο ιδιοκτήτης και η οικογένειά του χρησιμοποιούν συχνά τον κινηματογράφο για ποικίλα θεάματα: κινούμενα σχέδια και ταινίες δράσης, κλασικά έργα. Αλλά η ωραιότερη ανάμνηση, λέει ο ιδιοκτήτης, ήταν η στιγμή που έγιναν τα εγκαίνια του κινηματογράφου. Ακόμα και αυτός ο πρωτοπόρος της τεχνολογίας εντυπωσιάστηκε. «Μου έκανε φοβερή εντύπωση η καθαρότητα των εικόνων. Δεν πίστευα στα μάτια μου», δηλώνει.

Μέσα σ΄ αυτόν τον κινηματογράφο ο επισκέπτης μπορεί κυριολεκτικά να μεταφερθεί σε οποιοδήποτε μέρος του κόσμου. Είναι εξοπλισμένος για να μπορεί να παίζει βίντεο από την Ευρώπη και αλλού, έτσι ώστε ο ίδιος και η οικογένειά του να εξακολουθούν να ζουν σε ένα «παγκόσμιο χωριό», κατά την παράδοση των προγόνων του, μόνο που τώρα έχουν προστεθεί στον τρόπο ζωής τους η τεχνολογία, η γεωμετρία και η πνευματική κληρονομιά.

Οι τζαμένιες πόρτες οδηγούν στην αυλή, ενώ τα διακοσμητικά στοιχεία δημιουργούν την αίσθηση ενός ευχάριστου, εξωτικού συνόλου.

R I T Z

ΑΝΑΒΙΩΣΗ ΤΟΥ ΑΡ ΝΤΕΚΩ ΣΤΟ ΝΤΑΛΛΑΣ

Υπάρχει κάτι στο Χόλλυγουντ του χθες που μας κάνει να θέλουμε να το αρπάξουμε και να το κρατήσουμε για να μείνει για πάντα κοντά μας. Ήταν σίγουρα πιο απλή και πιο αθώα εποχή. Οι άνθρωποι που έκαναν κινηματογράφο είχαν περισσότερες δυνατότητες στην επιλογή των σεναρίων, ενώ οι ταινίες της εποχής φάνταζαν πολύ λαμπρότερες στο άσπρο-μαύρο. Οι διάσημοι ηθοποιοί δε λατρεύονταν μόνο ως σταρ ή εικόνες-είδωλα, αλλά αποτελούσαν πρότυπα και για τη δική μας ζωή.

Υπάρχει όμως μια πολύ βαθύτερη λαχτάρα που μας τραβάει στο Χόλλυγουντ του χθες. Πολλοί από εμάς νιώθουμε απέραντη νοσταλγία για την ποιότητα και τη φινέτσα εκείνου του καιρού που έχουν χαθεί μέσα στη φρενίτιδα του σήμερα.

Οι προβολείς του χθες φώτιζαν με ιδιαίτερη λάμψη τους διάσημους σταρ. Φορούσαν υπέρκομψα ρούχα, απολάμβαναν ό,τι καλύτερο είχε να προσφέρει η ζωή.

Υπήρχε όμως φινέτσα σ΄ αυτό, κάτι που φαίνεται καθαρά τόσο στις ταινίες όσο και στον τρόπο ζωής τους, και που δεν το βρίσκει κανείς στον επιδεικτικό τρόπο ζωής του σήμερα. Τότε, έμενε κάτι για τη φαντασία, είτε αυτό ήταν μια κλειστή πόρτα κρεβατοκάμαρας που άφηνε μόνους τους εραστές, είτε γιατί και η συμπεριφορά των μέσων ενημέρωσης, που σέβονταν την ιδιωτική ζωή των διασημοτήτων, άφηνε αυτήν τη ζωή να παραμένει πίσω από τις πόρτες τους.

Με αυτήν την έννοια, θα μπορούσαμε να αποκαλέσουμε τον Martin και τη Janet Smith νοσταλγούς του παρελθόντος. Δε ζουν καν κοντά στο Χόλλυγουντ, αλλά στα περίχωρα του Ντάλλας. Δεν είναι διάσημοι.

*Η είσοδος έχει έντονα στοιχεία Αρ Ντεκώ, αλλά και αυτό που θα ακολουθήσει αναβιώνει το στιλ και την κομψότητα του χθες

Αποφεύγουν τη δημοσιότητα και, παρ΄ όλο που αγαπούν τα πιο φίνα πράγματα και έχουν αληθινό πάθος για την τελειότητα, δεν έχουν την τάση να το επιδεικνύουν. Αυτό που μετράει περισσότερο γι΄ αυτούς είναι να μπορούν να έχουν την ησυχία τους.

Έτσι, μόλις αντικρίσουμε την πρόσοψη από ασβεστόλιθο και περάσουμε τη μαρκίζα του Ritz, μπαίνουμε σε έναν ιδιαίτερο, πολύ προσωπικό χώρο. Οι χυτές μπρούντζινες πόρτες σε στιλ Αρ Ντεκώ υποδηλώνουν ότι αυτός ο χώρος έχει δημιουργηθεί με πολλή φροντίδα, για να θυμίζει τη λάμψη και τη φινέτσα άλλων εποχών.

«Ο κύριος λόγος που προχωρήσαμε στην κατασκευή αυτού του κινηματογράφου ήταν να έχουμε ένα χώρο αποκλειστικά δικό μας και να μη χρειάζεται να βγαίνουμε να διασκεδάζουμε έξω», λέει ο Martin. Όπως εξηγεί ο Hershel Cannon, ο διακοσμητής του ζεύγους Smith, «ο Martin βλέπει το σπίτι του ως τόπο ανάπαυσης. Δεν χρειάζεται να βγαίνει από αυτό, παρά μόνο εάν ο ίδιος το επιθυμεί».

Ο επισκέπτης μπαίνει σ΄ αυτόν τον ιδιαίτερο χώρο από ένα μακρύ διάδρομο. Το αστραφτερό δάπεδο χωρίζεται σε τμήματα που ορίζονται στους δύο πλαϊνούς τοίχους από ασβεστολιθικές παραστάδες με μπρούντζινη επένδυση, ενώ κάθε τμήμα του τοίχου ανάμεσα στις παραστάδες είναι διακοσμημένο με πόστερ που απεικονίζουν αστέρες του παλιού κινηματογράφου, σε φυσικό μέγεθος. Δίνουν την εντύπωση πως είναι μεγαλύτερα από όσο είναι στην πραγματικότητα. Είναι τόσο ζωντανά, που νομίζεις ότι θα σου μιλήσουν.

Αφού περάσουμε μέσα από τις περίτεχνες πόρτες, θα βρεθούμε σε μία στοά με αφίσες των θεών του Χόλλυγουντ, από την Τζούντυ Γκάρλαντ στον Τζόννυ Βαϊσμίλλερ, όλες σε φυσικό μέγεθος, έτοιμες να σου μιλήσουν.

Προτού προχωρήσουμε στην εξερεύνηση του χώρου, θα πρέπει να σημειώσουμε ότι το σπίτι, στο σύνολό του, δεν είναι όπως δείχνει εξωτερικά. Αυτό συμβαίνει γιατί όλα μέσα σ΄ αυτό, παρ' όλο που είναι μέσα στο πνεύμα της τελειομανίας των Smith, δεν είναι φτιαγμένα για να εντυπωσιάζουν.

Από το δρόμο, το σπίτι μοιάζει με ένα ακόμα ωραίο σπίτι, σ΄ ένα ωραίο προάστιο. Αλλά μόλις μπούμε μέσα, είναι κάτι περισσότερο. Αποπνέει το

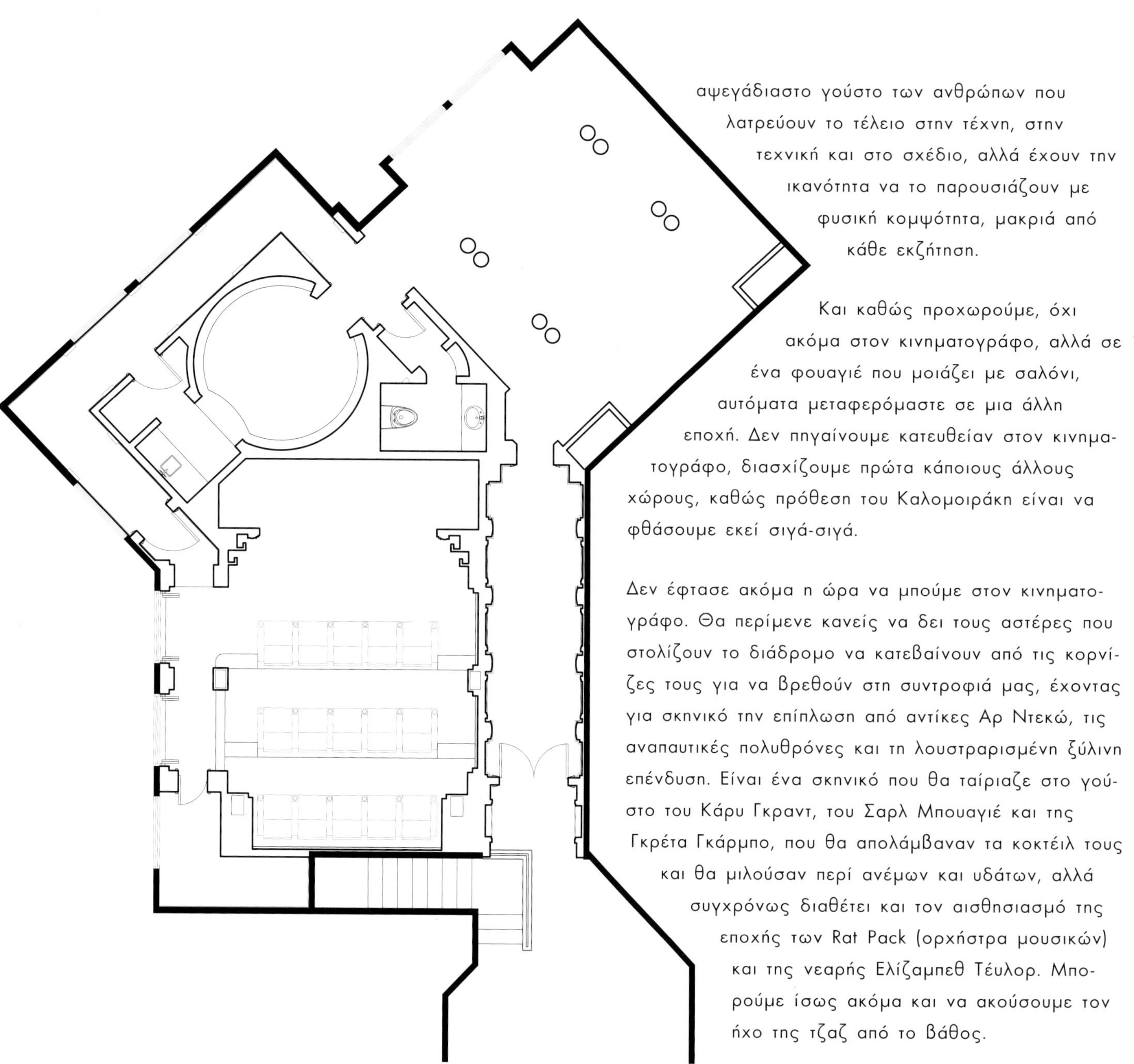

αψεγάδιαστο γούστο των ανθρώπων που λατρεύουν το τέλειο στην τέχνη, στην τεχνική και στο σχέδιο, αλλά έχουν την ικανότητα να το παρουσιάζουν με φυσική κομψότητα, μακριά από κάθε εκζήτηση.

Και καθώς προχωρούμε, όχι ακόμα στον κινηματογράφο, αλλά σε ένα φουαγιέ που μοιάζει με σαλόνι, αυτόματα μεταφερόμαστε σε μια άλλη εποχή. Δεν πηγαίνουμε κατευθείαν στον κινηματογράφο, διασχίζουμε πρώτα κάποιους άλλους χώρους, καθώς πρόθεση του Καλομοιράκη είναι να φθάσουμε εκεί σιγά-σιγά.

Δεν έφτασε ακόμα η ώρα να μπούμε στον κινηματογράφο. Θα περίμενε κανείς να δει τους αστέρες που στολίζουν το διάδρομο να κατεβαίνουν από τις κορνίζες τους για να βρεθούν στη συντροφιά μας, έχοντας για σκηνικό την επίπλωση από αντίκες Αρ Ντεκώ, τις αναπαυτικές πολυθρόνες και τη λουστραρισμένη ξύλινη επένδυση. Είναι ένα σκηνικό που θα ταίριαζε στο γούστο του Κάρυ Γκραντ, του Σαρλ Μπουαγιέ και της Γκρέτα Γκάρμπο, που θα απολάμβαναν τα κοκτέιλ τους και θα μιλούσαν περί ανέμων και υδάτων, αλλά συγχρόνως διαθέτει και τον αισθησιασμό της εποχής των Rat Pack (ορχήστρα μουσικών) και της νεαρής Ελίζαμπεθ Τέυλορ. Μπορούμε ίσως ακόμα και να ακούσουμε τον ήχο της τζαζ από το βάθος.

Οι επισκέπτες φθάνουν στον κινηματογράφο, αφού πρώτα περάσουν από τη μακριά στοά, το σαλόνι και το «monkey bar».

Αυτός ο συνδυασμός Αρ Ντεκώ με σύγχρονες τεχνοτροπίες δίνει ένα υπέροχο αποτέλεσμα. Ας πάρουμε για παράδειγμα την κονσόλα της δεκαετίας του 1930 που διαφέρει από τις σύγχρονες πολυθρόνες του σαλονιού μόνο στο χρώμα. Ο Καλομοιράκης θεωρεί ότι οι καθαρές γραμμές και η φόρμα της κονσόλας δίνουν τον τόνο στο δωμάτιο. Οι καρέκλες του σαλονιού, λέει ο Cannon, που είναι διακοσμητής εσωτερικών χώρων, κατασκευάστηκαν κατά παραγγελία από ύφασμα μοχαίρ σε σοκολατί απόχρωση και με ασημένια κλωστή που προσθέτει μια διακριτική λάμψη. Το τραπέζι από καθρέπτη έγινε, και αυτό κατά παραγγελία, σύμφωνα με ένα άλλο που είχαν δει ο Cannon και ο Smith και που το χρησιμοποίησαν ως μοντέλο.

*Το σαλόνι αποπνέει άνεση, υψηλό γούστο και φινέτσα,
στο πνεύμα της αλλοτινής λάμψης του Χόλλυγουντ. Σχεδόν ακούς τον ήχο από τα παγάκια μέσα στα ποτήρια
και την απαλή τζαζ να σου χαϊδεύει τα αυτιά.*

Κολόνες από ξύλο καρυδιάς πλαισιώνουν ένα χώρο, όπου συνυπάρχουν οι αντίκες Αρ Ντεκώ και η σύγχρονη επίπλωση, όπως π.χ. η κονσόλα Osvaldo Borsani που χρονολογείται από τις αρχές της δεκαετίας του 1930, οι πολυθρόνες χωρίς μπράτσα της Nancy Corzine και τα σύγχρονα καθίσματα του σαλονιού, που έγιναν κατά παραγγελία.

Η ασημένια κλωστή στο ύφασμα από μοχαίρ, το τραπέζι από καθρέπτη, οι λεπτές κουρτίνες του παραθύρου που ρίχνουν ένα γαλαζωπό φως από Χόλλυγουντ μέσα στο δωμάτιο – όλα συμβάλλουν για να δώσουν το σωστό τόνο σε αυτόν τον πολυτελή αλλά διακριτικό χώρο. Εάν προσθέσουμε τους καναπέδες και τις πολυθρόνες χωρίς μπράτσα της Nancy Corzine, το χάσμα μεταξύ του Αρ Ντεκώ και του σύγχρονου γεφυρώνεται, έτσι ώστε αυτή η εποχή του Χόλλυγουντ να μοιάζει σαν να μη μας άφησε ποτέ.

«Ο Martin είναι ο τύπος του ανθρώπου που θέλει πάντα ό,τι καλύτερο», λέει ο Cannon, «και ζητάει ποιότητα και φινέτσα». Ο Smith τρέφει το ίδιο πάθος για όλες τις συλλογές του, είτε είναι οι ακριβές Ferrari, την ύπαρξη των οποίων αγνοούν ίσως μερι-

Η τοιχογραφία του Artgroove στο «monkey bar» δίνει χρώμα, φαντασία και μια νότα αθωότητας, ενώ το δάπεδο είναι διακοσμημένο με στοιχεία Αρ Ντεκώ.

κοί από τους γείτονές του, είτε τα κρασιά του, είτε τα έργα τέχνης που διαθέτει.

Στο σπίτι των Smith συναντά κανείς ένα κράμα υψηλής τέχνης: έργα του 16ου αιώνα, αυθεντικά σχέδια του Picasso της πρώτης περιόδου, μέχρι και μία συλλογή από είκοσι δύο κομμάτια προκολομβιανής περιόδου από νεφρίτη λίθο στην κοντινή τουαλέτα που χρησιμεύει για το φρεσκάρισμα των κυριών. Παντού υπάρχει μια καλλιτεχνική πινελιά.

Ακόμα πιο ασυνήθιστη είναι μια τοιχογραφία που βρίσκεται μέσα στο αποκαλούμενο «monkey bar». Πρόκειται για ένα κυκλικό δωμάτιο, το δάπεδο του οποίου είναι διακοσμημένο με ένα μεγάλο αστέρι Αρ Ντεκώ, ενώ οι τοίχοι του με θέματα από τη ζούγκλα, όπου πίθηκοι πηδούν από κληματαριές και δέντρα. Το έργο φαίνεται να είναι εμπνευσμένο από ένα επίσης κυκλικό έργο, φιλοτεχνημένο από τον Pierre Bourdelle, το 1933. Το έργο του Bourdelle, χαραγμένο πάνω σε λακαρισμένο λινόλεουμ, παριστάνει ζώα και εξακολουθεί να κοσμεί το σαλόνι γυναικών του «Union Terminal Railroad

Station» στο Cincinnati, που έχει και αυτό έντονα διακοσμητικά στοιχεία Αρ Ντεκώ.

Τα ζωικά και φυτικά διακοσμητικά στοιχεία της τοιχογραφίας δίνουν στο μπαρ μια παιχνιδιάρικη διάσταση, διαχωρίζοντάς το κάπως από το πιο εξεζητημένο σαλόνι, και τονίζουν ακόμα περισσότερο το στιλ και το καλό γούστο μέσα από μια φυσική, ζωντανή, ακόμα και πρωτόγονη, θα λέγαμε, σκηνή. Ίσως εδώ να συγκεντρώνονταν οι Rat Pack για ποτό, αστεϊσμούς και απρόσμενες ερωτικές συναντήσεις.

Επιτέλους, φτάνουμε στο χώρο του κινηματογράφου. Εδώ οι Smith, όταν θέλουν, μπορούν να διασκεδάσουν στο επιβλητικό αυτό περιβάλλον του Αρ Ντεκώ και του παλιού Χόλλυγουντ. Η λεπτή εκζήτηση, ο διάκοσμος Αρ Ντεκώ, ασυνήθιστα αλλά αξιόλογα έργα τέχνης υπάρχουν και σ΄ αυτόν το χώρο.
Στην πραγματικότητα, πολλά από τα στοιχεία του χωλ, του σαλονιού και του μπαρ επαναλαμβάνονται σ΄ αυτήν την αίθουσα, σε ένα «κρεσέντο» υψηλού γούστου και με το άρωμα κινηματογραφικής φαντασίας.

Τα φατνώματα της οροφής από χυτό μπρούντζο αναδεικνύονται μέσα από τον κρυφό φωτισμό και έχουν κάτι το περίτεχνα κομψό. Το ίδιο συμβαίνει και με τα φυτικά διακοσμητικά μοτίβα στους πλαϊνούς τοίχους, που φωτίζονται από το βάθος. Βρί-

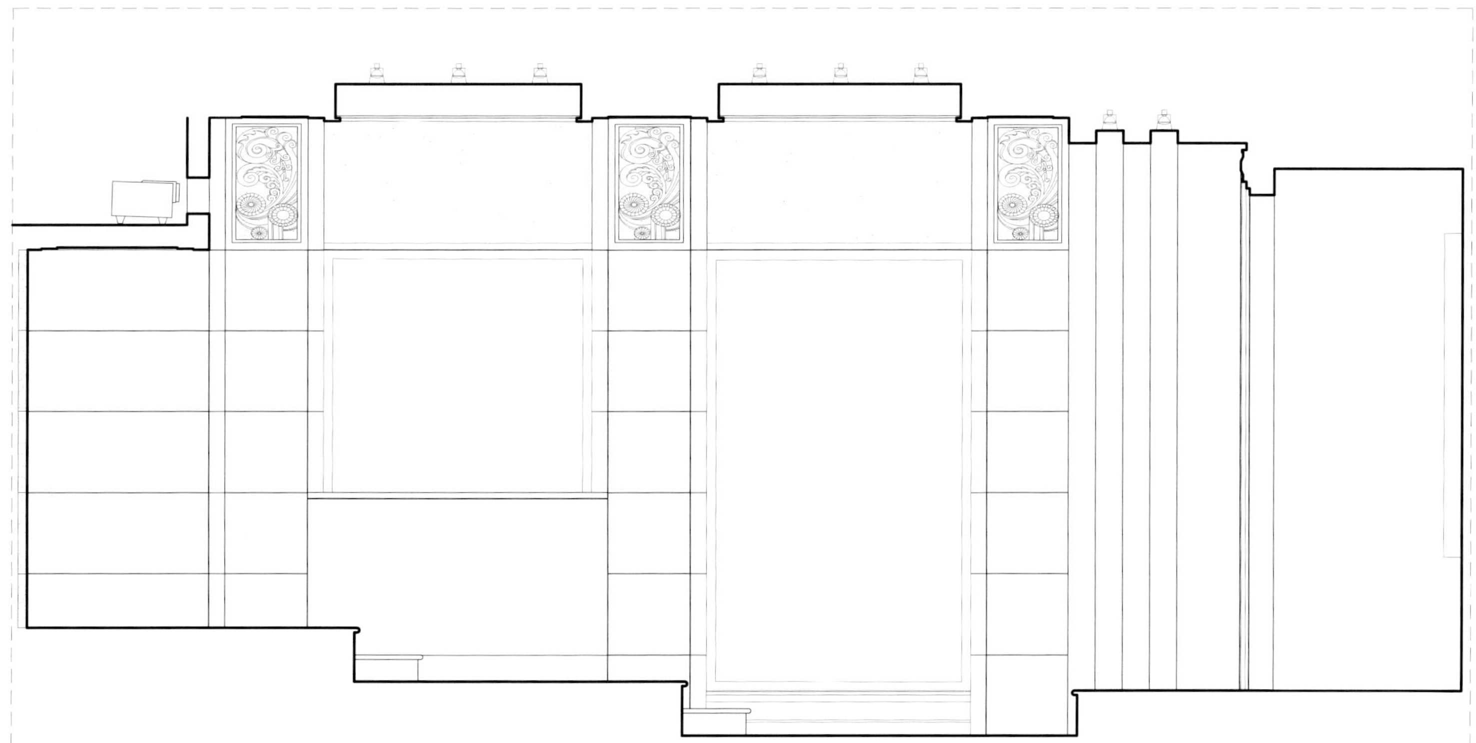

σκονται πάνω από μια σειρά παραστάδες από καρυδιά και εναλλάσσονται με παραστάσεις, φιλοτεχνημένες στο στιλ και τα χρώματα των τοιχογραφιών του «monkey bar».

Τα θέματα, ωστόσο, αυτών των τοιχογραφιών διαφέρουν από αυτά του «monkey bar». Εδώ βρίσκουμε εικόνες εμπνευσμένες από τα μπρούντζινα γλυπτά του Paul Manship που απεικονίζουν άνδρα και γυναίκα με τα τέσσερα στοιχεία της φύσης: γη, άνεμο, νερό και φωτιά. Οι Smith δείχνουν να εμμένουν στη φύση, ακόμα και σ΄ αυτόν τον πιο περίτεχνα διακοσμημένο χώρο. Η σκηνή όμως είναι φωτισμένη στην ίδια γαλαζωπή απόχρωση παλιού Χόλλυγουντ που συναντούμε και στα παράθυρα του σαλονιού.

Ιδιαίτερη προσοχή δόθηκε στην τοποθέτηση οπτικοακουστικού συστήματος υψηλής πιστότητας. Για παράδειγμα, ειδικά ηχεία τοποθετήθηκαν και συντονίστηκαν από τη Home-Tronics που ειδικεύεται στις εγκαταστάσεις τέτοιων συστημάτων, με βαθμό ανοχής που ουσιαστικά δεν αφήνει περιθώρια λάθους.

Η κυρίως αίθουσα του κινηματογράφου αποπνέει κάποια δραματικότητα, με την περίτεχνη οροφή της που αναδεικνύεται με τον κρυφό φωτισμό, τις ξύλινες παραστάδες με τις λεπτές διακοσμήσεις στην κορυφή. Οι τοιχογραφίες υπογραμμίζονται με χρυσό για να φαίνονται όταν τα φώτα χαμηλώνουν.

Ο κινηματογράφος συνδυάζει τη λάμψη, την εκζήτηση και το πάθος για τελειότητα μέσα σε έναν κομψό και ζωντανό χώρο, με κάποιες εκθαμβωτικές πινελιές που μας μεταφέρουν στο φανταστικό κόσμο του κινηματογράφου, του παλιού και του σύγχρονου. Έχουμε έντονη την αίσθηση ότι εισβάλλουμε σε έναν κόσμο σαν εκείνον του παλιού Χόλλυγουντ.

Τα μεγάφωνα στις γωνίες του βάθους κρύβονται πίσω από υφασμάτινα πανό. Τοποθετήθηκαν έτσι, ώστε να μην επηρεάζουν το γενικότερο διάκοσμο.

Οι τοιχογραφίες του Artgroove είναι εμπνευσμένες από τα «Τέσσερα στοιχεία της φύσης» του Paul Manship και ακολουθούν την τεχνοτροπία και τα χρώματα του «monkey bar». Εδώ (επάνω) απεικονίζεται η φωτιά και το νερό.

«Το σπίτι των Smith είναι μία πολύ ιδιωτική υπόθεση», εξηγεί ο Cannon, «παρ΄ όλο που ο κινηματογράφος τους δεν προορίζεται μόνο για τη δική τους ψυχαγωγία, αφού τους αρέσει να προσκαλούν και άλλους ανθρώπους για μια πραγματικά μοναδική εμπειρία».

Σ΄ όλο το σπίτι, τα έργα τέχνης φωτίζονται και τη νύχτα, δημιουργώντας μυστικιστικό περιβάλλον. Όλα όμως είναι αληθινά, δεν υπάρχει στοιχείο ψευδαίσθησης. «Εάν είσαι τόσο τυχερός, ώστε να συγκαταλέγεσαι στους λίγους καλεσμένους, αποκτάς προσωπική αντίληψη του τι έχει γίνει σε αυτό το σπίτι», λέει ο Cannon. «Ελάχιστοι έχουν την ευκαιρία να μπαίνουν σε μια ιδιωτική κατοικία και να έχουν την ευχαρίστηση να δουν όλα αυτά από κοντά».

Αυτό εξάλλου ζωντανεύει τη νοσταλγία μας για το παρελθόν. Γυρίζουμε πίσω σε μια εποχή, όπου μπορούσαμε να είμαστε οι καλύτεροι και να απολαμβάνουμε το καλύτερο και όμως να διατηρούμε την ατομικότητά μας. Νοσταλγούμε την εποχή, όπου η λάμψη σήμαινε κάτι περισσότερο σε ανθρώπινες αξίες και κάτι λιγότερο σε θόρυβο και δημοσιότητα. Εκεί έγκειται η πολύ προσωπική λάμψη και μοναδικότητα αυτού του φινετσάτου χώρου.

Σ Ι Φ Ν Ο Σ

Κ Ρ Ο Υ Α Ζ Ι Ε Ρ Α Σ Τ Α Ε Λ Λ Η Ν Ι Κ Α Ν Η Σ Ι Α

Θα μπορούσε να αποκαλέσει κάποιος τον Νίκο Βερνίκο έναν καλλιεργημένο οικογενειάρχη. Η οικογένειά του και οι φίλοι του γνωρίζουν καλά τις ιδιαίτερες ικανότητές του στη διεύθυνση μιας μεγάλης επιχείρησης, χωρίς αυτό να αποβαίνει σε βάρος της ψυχαγωγίας και της αγάπης του για την τέχνη.
Ο Βερνίκος ανήκει στην τέταρτη γενιά μιας παλιάς οικογένειας πλοιοκτητών –του Ναυτικού Ομίλου Βερνίκου.

Έτσι, όταν αποφάσισε να εγκαταστήσει ιδιωτικό κινηματογράφο στο παραθαλάσσιο σπίτι του κοντά στην Αθήνα, το θέμα που διάλεξε, όπως ήταν φυσικό, είχε σχέση με τη θάλασσα, σε μια πιο σύγχρονη όμως εκδοχή.

Ο Βερνίκος είχε ήδη μια εμπειρία από τον ιδιωτικό κινηματογράφο που ο ίδιος και η σύζυγός του Μπάρμπαρα είχαν στο καθιστικό του προηγούμενου σπιτιού τους. Η Μπάρμπαρα ήθελε τότε να κρύψει την οθόνη, γι΄ αυτό και το ζευγάρι απευθύνθηκε σε έναν σύγχρονο καλλιτέχνη, προκειμένου να κατασκευάσει πανό από φάιμπεργκλας που ανοίγουν και αποκαλύπτεται η οθόνη. «Τότε ήταν που άρχισα να συλλέγω έργα σύγχρονης τέχνης», λέει ο Βερνίκος.

Το ζευγάρι ήξερε καλά ότι ένας ιδιωτικός κινηματογράφος πρέπει να είναι ιδιαίτερος χώρος, έτσι ώστε όλοι όσοι επιθυμούν να δουν μία ταινία μετά το δείπνο να μπορούν να το κάνουν, χωρίς να ενοχλούν τους υπόλοιπους καλεσμένους. «Πέρα από αυτό, συνειδητοποίησα ότι ο ιδιωτικός κινηματοφράφος είναι το καλύτερο μέσο για να κρατήσεις την οικογένεια ενωμένη», λέει ο Βερνίκος. Ο Νίκος και η Μπάρμπαρα έχουν τρία παιδιά, από δεκαέξι έως είκοσι τεσσάρων ετών.

Ένα ναυτικό θέμα, υψηλής τεχνολογίας, αποδόθηκε με φωτιστικά που θυμίζουν φινιστρίνια πλοίου, ενώ σε μια παραστάδα από ανοξείδωτο χάλυβα έχει τοποθετηθεί ένα ηχείο, καθώς και το κοντρόλ φωτισμού.

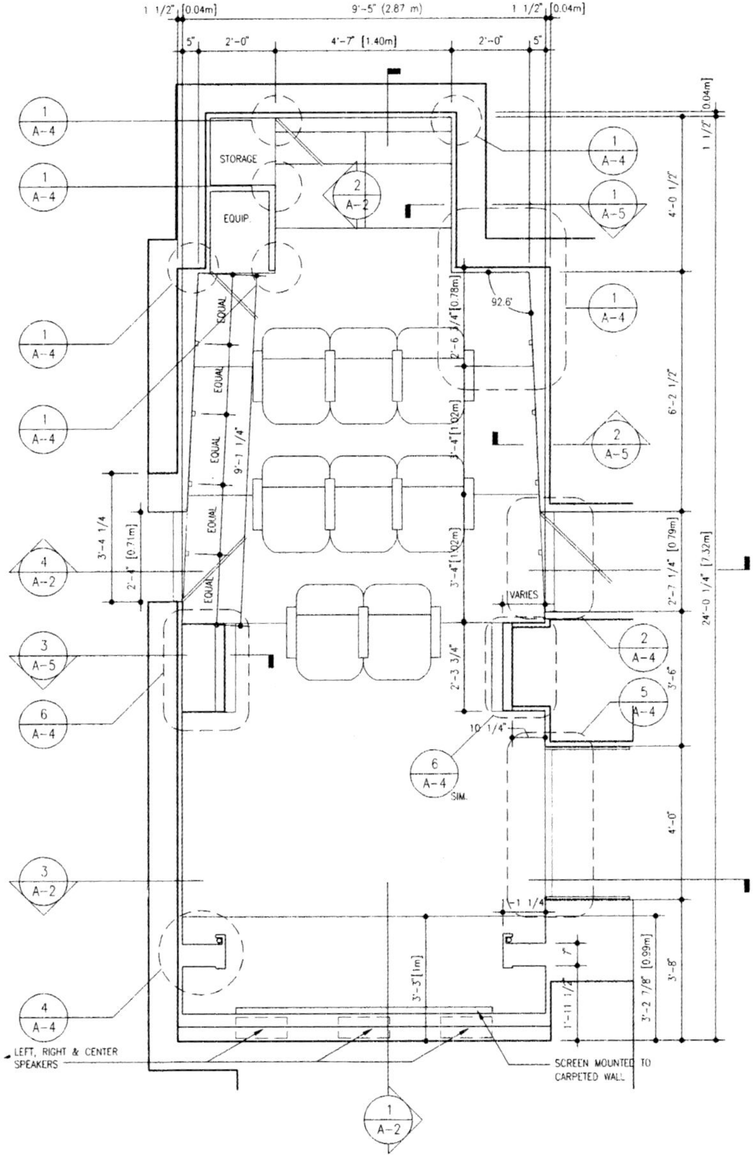

Κυματοειδή διάτρητα φύλλα από ανοξείδωτο χάλυβα καλύπτουν την οροφή αυτού του χώρου με τον έντονα οικογενειακό χαρακτήρα, που από μόνος του είναι ένα σύγχρονο έργο τέχνης.

Ο Βερνίκος συνειδητοποίησε για πρώτη φορά την αξία αυτού του είδους ψυχαγωγίας την εποχή που έκανε παρέα με ένα συμμαθητή του, που ήταν γιος του Σπύρου Σκούρα, του τότε προέδρου της 20th Century Fox. «Συχνά με καλούσαν στο σπίτι τους για το Σαββατοκύριακο, για να δω μια ταινία που θα έβγαινε στους κινηματογράφους τη Δευτέρα», θυμάται. «Αυτό πραγματικά γέννησε μέσα μου ένα έντονο ενδιαφέρον για τις κινηματογραφικές ταινίες».

Ο ιδιαίτερος χώρος, όπου βρίσκεται ο οικογενειακός κινηματογράφος στο νέο σπίτι των Βερνίκων, είναι εμπνευσμένος από ένα ναυτικό θέμα που αποδίδεται σε δυναμικό, σύγχρονο στιλ. Ο χώρος δεν είναι μεγάλος, έχει όμως τη ζεστασιά μιας καμπίνας σε γιωτ, με τη συντροφιά της οικογένειας και των φίλων. Τα διαχωριστικά από λουστραρισμένο ξύλο έχουν διάσπαρτα φώτα που θυμίζουν φινιστρίνια πλοίου, ενώ κυματοειδή διάτρητα φύλλα από ανοξείδωτο χάλυβα κοσμούν την οροφή. Ακόμα και το όνομα του κινηματογράφου («Σίφνος») φέρνει στο νου το ναυτικό παρελθόν της οικογένειας, που κατάγεται από το κυκλαδίτικο νησί της Σίφνου.

Η οικογένεια προσφέρει στους καλεσμένους της την αίσθηση ότι βρίσκονται σπίτι τους. Στην είσοδο δεσπόζει ένα έργο τέχνης με τη μορφή μιας ηλεκτρονικά πτυσσόμενης μαρκίζας, που χρησιμεύει για να καλωσορίζει τους καλεσμένους στον κινηματογράφο και να παρουσιάζει τον τίτλο της ταινίας που προβάλλεται.

«Το καλύτερο απ΄ όλα», λέει ο Βερνίκος, «είναι ότι τα Σαββατοκύριακα και τις αργίες τα παιδιά μπορούν να φέρουν τους φίλους τους εδώ και να διασκεδάσουν, χωρίς να χρειαστεί να βγουν έξω». Καλό ταξίδι!

ΕΠΕΚΤΕΙΝΟΝΤΑΣ ΤΟΥΣ ΟΡΙΖΟΝΤΕΣ

ΕΠΕΚΤΕΙΝΟΝΤΑΣ ΤΟΥΣ ΟΡΙΖΟΝΤΕΣ

ΕΦΑΡΜΟΓΗ ΤΗΣ ΘΕΜΑΤΙΚΗΣ ΑΡΧΙΤΕΚΤΟΝΙΚΗΣ ΣΤΑ ΣΠΙΤΙΑ

Ένας ιδιωτικός κινηματογράφος είναι πράγματι μια ευχάριστη φυγή από την καθημερινότητα, δεν είναι όμως παρά ένα μόνο κομμάτι από την ψυχαγωγία που θα μπορούσαμε να έχουμε στο σπίτι μας, για να ικανοποιούμε τις αισθήσεις μας και να αναζωογονούμε την ψυχή μας. Έτσι, κάποιοι από τους πελάτες του Καλομοιράκη ζήτησαν να τους σχεδιάσει και άλλα μέρη του σπιτιού τους, όπως καφέ-μπαρ, κελάρια για κρασί ή αίθουσες μπόουλινγκ.

Ο Καλομοιράκης ανταποκρίθηκε, επεκτείνοντας τα θεματικά του σχέδια πέρα από τον ιδιωτικό κινηματογράφο – το λόμπυ, το γκισέ των εισιτηρίων και τη μαρκίζα–, για να δημιουργήσει χώρους αναψυχής που ταιριάζουν ακόμα περισσότερο στη ζωή των ιδιοκτητών τους. Σε τελευταία ανάλυση, όταν αφήνεις τη φαντασία σου να τρέξει, γιατί να σταματήσεις στις πόρτες ενός κινηματογράφου;

Αυτά τα «πάρκα» αναψυχής περιλαμβάνουν ολόκληρους δρόμους, με προσόψεις καταστημάτων, όπου εκτίθενται οι αγαπημένες συλλογές των ιδιοκτητών τους και, το κυριότερο, αποκαλύπτουν τους τρόπους που αυτοί διαλέγουν για να ομορφαίνουν τη ζωή τους.

Ένας ιδιοκτήτης π.χ. επιστρέφει στο παρελθόν, κατηφορίζοντας το δρόμο της πόλης, όπου έζησε τη νιότη του και που τώρα έχει εμπλουτιστεί με έκθεση αυτοκινήτων εκείνης της εποχής, ένα καφέ-γαλακτοπωλείο, ένα κοσμηματοπωλείο και ασφαλώς έναν κινηματογράφο. Ένας άλλος πάλι απολαμβάνει τις πλούσιες γεύσεις ενός χωριού στη γαλλική ύπαιθρο, με τα λιθόστρωτα, το οινοπωλείο, το χαρτοπωλείο, το κατάστημα παιχνιδιών –με το τρενάκι που κάνει κύκλους–,
και κάτι παραπάνω: το χωριό διαθέτει έναν υπέροχο κινηματογράφο.

Αυτά τα «πάρκα» αναψυχής δεν κεντρίζουν μόνο τη φαντασία των ιδιοκτητών και των καλεσμένων τους. Δεν προσφέρουν μόνο ανανέωση. Είναι μια ολοκληρωτική φυγή από την καθημερινότητα, αποτελούν το όχημα που τους μεταφέρει με έναν τρόπο απόλυτα πειστικό σ΄ έναν άλλο χωροχρόνο.

RIALTO

ΚΙΝΗΜΑΤΟΓΡΑΦΟΣ ΚΑΙ ΧΩΡΟΙ ΨΥΧΑΓΩΓΙΑΣ ΚΑΤΩ ΑΠΟ ΤΗΝ ΙΔΙΑ ΣΤΕΓΗ

Ο Frank Wilson είναι ένας πολυπράγμονας δημιουργός. Δρομολογεί έργα που διαρκούν κάποιες ημέρες ή μπορεί και χρόνια. Άλλοτε επισκευάζει και αποκαθιστά κομμάτια της συλλογής από συλλεκτικά αυτοκίνητα, άλλοτε μαθαίνει πώς να χρησιμοποιεί νέα εργαλεία στο ξυλουργικό του εργοστήρι, άλλοτε στήνει μια επιτυχημένη εταιρεία software και άλλοτε κάνει μια νοερή αναδρομή στο παρελθόν, τίποτα δεν πάει χαμένο. Όλα αυτά του επιφυλάσσουν ενδιαφέρουσες εμπειρίες στη ζωή του.

Για τον Wilson δεν ήταν αρκετός ένας απλός ιδιωτικός κινηματογράφος στο υπερσύγχρονο σπίτι του, ένα σπίτι σχεδιασμένο μόνο με καμπύλες, έτσι αποφάσισε να δημιουργήσει ένα χώρο αναψυχής –που καταλαμβάνει έκταση 800 τετρ. μέτρων– με καφέ-αναψυκτήριο που σερβίρει γαλακτοκομικά προϊόντα, κοσμηματοπωλείο, έκθεση αυτοκινήτων, κελάρι με κρασιά και ακόμα ένα μπόουλιγκ – τα περισσότερα από αυτά του θυμίζουν τη γενέτειρά του, το Charleston στη Δυτική Βιργινία.

Έτσι, κατηφορίζοντας ο επισκέπτης τον κεντρικό δρόμο, θα συναντήσει και τον κινηματογράφο Rialto, έναν κινηματογράφο που μοιάζει με αυτόν που υπήρχε στην οδό Quarrier στο Charleston, το «Blossom Dairy» που εξακολουθεί να λειτουργεί μέχρι σήμερα, καθώς και την πρόσοψη του κοσμηματοπωλείου Kay's. Θα συναντήσει επίσης την έκθεση αυτοκινήτων και ένα μπόουλιγκ, ακριβώς σαν να βρίσκεται στο ίδιο το Charleston, μόνο που αυτό έχει μεταφερθεί αυτούσιο στην παραλιακή Καλιφόρνια.

«Υπήρξα πάντα ο άνθρωπος των σχεδίων. Όταν φανταζόμουν κάτι, ήθελα να το πραγματοποιήσω. Το ίδιο έκανα και τώρα. Μετέτρεψα τη φαντασίωσή μου σε πραγματικότητα», λέει ο Wilson. Η συνεργασία του με τον Θόδωρο Καλομοιράκη τον οδήγησε στην πραγματο-

Η έμπνευση για τον κινηματογράφο γεννήθηκε
από τις αναμνήσεις της ιδιαίτερης πατρίδας του, το δάπεδο του λόμπυ με τα αστέρια είναι εμπνευσμένο από το Χόλλυγουντ,
ενώ στους τοίχους το γυαλί έχει βαφτεί από την πίσω πλευρά, δημιουργώντας αυτήν την ιδιόρρυθμη επιφάνεια

ποίηση του σχεδίου του, αλλά και κοντά στον Wilson ο Καλομοιράκης δημιούργησε τον πρώτο σύνθετο χώρο ψυχαγωγίας, κάτι πολύ περισσότερο από τους ιδιωτικούς κινηματογράφους, ακόμα και από αυτούς με πολυτελή λόμπυ, γκισέ εισιτηρίων και περίτεχνες μαρκίζες.

Το όραμα όμως που κρυβόταν πίσω από αυτό το πολυσύνθετο έργο πήρε πολύ χρόνο για να γίνει πραγματικότητα. Άλλωστε, η ολοκλήρωση του εντυπωσιακού σπιτιού του Wilson στην Καλιφόρνια κράτησε χρόνια (καλύπτει επιφάνεια εννιάμισι στρεμμάτων). Είναι κατασκευασμένο αποκλειστικά με απαλές καμπύλες και έχει το συμβολικό όνομα Portabello. Το έργο συνάντησε από μόνο του πολλές δυσκολίες.

Το μέγεθος του σπιτιού ήταν εν μέρει ηθελημένο, για να μπορεί να στεγάσει τη συλλογή των τριάντα συλλεκτικών αυτοκινήτων του Wilson, μερικά από τα οποία του αρέσει ακόμα να οδηγεί. Τότε ο Wilson και η σύζυγός του αποφάσισαν να συμπεριλάβουν και έναν ιδιωτικό κινηματογράφο. Το ζευγάρι, έχοντας δύο κόρες στην εφηβεία, ήθελε να φτιάξει ένα χώρο αναψυχής, όπου τα παιδιά και οι φίλοι τους θα μπορούσαν να διασκεδάζουν και να τρώνε κάτι, χωρίς να χρειάζεται να ανεβαίνουν στο σπίτι.

«Έτσι καταλήξαμε σε ένα καφέ-αναψυκτήριο, αλλά δε θέλαμε να έχει το στιλ της δεκαετίας του 1950. Φανταζόμασταν κάτι πιο ανάλαφρο, έτσι αρχίσαμε

OR WORKS
KAY'S JEWELERS

μία έρευνα σε κινηματογράφους της περιοχής μας που διέθεταν καφέ-μπαρ για όσους θα ήθελαν να πάρουν κάτι μετά από την κινηματογραφική προβολή», λέει ο Wilson.

«Κατόπιν θυμήθηκα τη γενέτειρά μου, το Charleston, και πόσο μας άρεσε να συχνάζουμε στο Blossom Dairy café μετά το σχολείο, και ακόμα τον κινηματογράφο Rialto που βρισκόταν στην κάτω γωνία του δρόμου», λέει ο Wilson. «Όταν φτάνει κάποιος στην

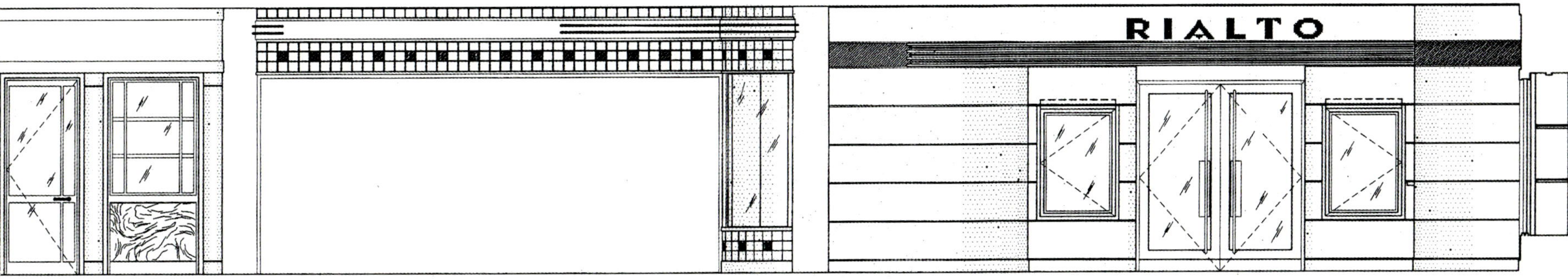

ηλικία μου, επιστρέφει νοερά στην εποχή της νιότης του και κυριεύεται από νοσταλγία». Έτσι, ο Wilson αποφάσισε εκείνη τη χρονιά να επισκεφτεί το Charleston, για τη 45η συνάθροιση των συμμαθητών του από το Λύκειο.

Τώρα πια ο Wilson δε χρειάζεται να ταξιδέψει για να θυμηθεί τα νεανικά του χρόνια. Εάν κατηφορίσετε το δρόμο των αναμνήσεών του, θα βρεθείτε στα παλιά του λημέρια, με κάποιες ίσως πιο μοντέρνες πινελιές. Σ' αυτόν το δρόμο, θα διασκεδάσετε, θα εκπλαγείτε ευχάριστα και θα ζήσετε αξέχαστες εμπειρίες.

Το κοσμηματοπωλείο έχει στις προθήκες του οικογενειακά κοσμήματα και μία πόρτα χρηματοκιβωτίου, αγορασμένη από την τοπική τράπεζα.

Στην άκρη του δρόμου, θα δείτε ένα ή δύο από τα αυτοκίνητα της νιότης του Wilson που εκτίθενται στη συλλογή του: μία fuel-injection Corvette, μοντέλο 1957, ή μια από τις 550 Cadillac Eldorados του 1953 και ακόμα μια BMW 507 roadster του 1957, δίπλα στη νέα Z8 roadster, δύο μοντέλα που ο Wilson τα έβαλε μαζί, καθώς έτσι παρουσιάστηκαν και στα διαφημιστικά της τηλεόρασης, πρόσφατα, κι ακόμα ένα από τα λίγα εναπομείναντα θρυλικά Tuckers.

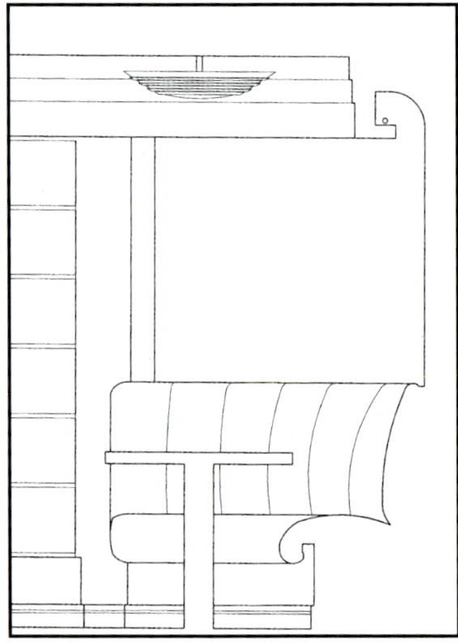

Εάν είσαστε τυχεροί, ίσως μπορέσετε να ρίξετε μια ματιά στο καμάρι της συλλογής του Wilson, ένα ζευγάρι από ασημένιες Mercedes-Benz 300 LS, μοντέλα 1957: την περίφημη Gullwing, με πόρτες που ανοίγουν κατακόρυφα, και την καμπριολέ που είχε κυκλοφορήσει μόνο σε ασημί χρώμα, κατόπιν ειδικής παραγγελίας. Και τα δύο έχουν τη ρεζέρβα πίσω – ένα στοιχείο που τα κάνει μοναδικά. Ένας διάσημος συλλέκτης αυτοκινήτων έδωσε την ιδέα στον Wilson να συμπεριλάβει στη συλλογή του τα δύο αυτά αυτοκίνητα. «Είχε ένα ζευγάρι – μόνο που στο καμπριολέ το ασημί χρώμα δεν ήταν το αυθεντικό», λέει ο Wilson. «Έτσι, έψαξα να βρω ένα δικό μου ζευγάρι». Ήταν ένα ακόμα σχέδιο του Wilson που κατάφερε να πραγματοποιήσει, βρίσκοντας ένα από τα ειδικής παραγγελίας ασημένια καμπριολέ, που ο ίδιος φρόντισε να επαναφέρει στην παλιά του κατάσταση. Ο Wilson είναι παθιασμένος με τα αυτοκίνητα, παρ΄ όλο που τελευταία έχει κάπως ηρεμήσει. Στο παρελθόν συνήθιζε να τρέχει με παλιά μοντέλα σε πίστες, όπως το Sears Point και το Laguna Seca στην Καλιφόρνια. «Έτρεχα έως τα εξήντα μου, μέχρι που σκέφτηκα ότι ή θα σκοτωνόμουν ο ίδιος, ή θα σκότωνα κάποιον άλλον», λέει ο Wilson. Έτσι, τώρα αρκείται να απολαμβάνει τη συλλογή του από κλασικά μοντέλα αυτοκινήτων.

Πίσω από την έκθεση βρίσκεται το γκαράζ που μπορεί να στεγάσει δεκαπέντε αυτοκίνητα.

Το καφέ-μπαρ, με τη βοήθεια των ζεστών τόνων του ξύλου της κερασιάς, μεταμορφώθηκε από ένα αναψυκτήριο της δεκαετίας του 1950, σε ένα σύγχρονο καπουτσίνο-μπαρ.

Kanawha Images
ROCK LAKE POOL
&WINE
ew chefs
COSMO
IRRESISTIBLE
katie holmes
ARCHITECTURAL DIGEST
EXOTIC HOMES
FLORIDA DESIGN
Sunset
WELCOME TO CHARLESTON

Διαθέτει επίσης έναν ανελκυστήρα, έτσι ώστε να μπορούν εύκολα να μετακινούνται τα αυτοκίνητα προς τα μέσα ή προς τα έξω.

Δίπλα στη Motor Works υπάρχει το κατάστημα Kay΄s Jewelers, όπου ο Wilson εκθέτει τη συλλογή των κοσμημάτων του. Η μαρκίζα του καταστήματος είναι πανομοιότυπη με την παλιά στο Charleston. Τα κοσμήματα αυτά όμως δεν είναι προς πώληση. «Η βασική ιδέα για την κατασκευή αυτού του χώρου μού γεννήθηκε από τη σκέψη ότι μπορούσα εκεί να φυλάω τα οικογενειακά κοσμήματα, εκθέτοντάς τα σε έναν ωραίο χώρο, αντί να τα κρατάω κλεισμένα σε ένα κουτί», λέει ο Wilson. «Για καλή μου τύχη, το δεύτερο όνομα της γυναίκας μου είναι Kay».

Μέσα σε κομψές προθήκες από ξύλο κερασιάς και κρύσταλλο, εκτίθενται κοσμήματα και διάφορα έργα τέχνης, προκαλώντας τους επισκέπτες να τα περιεργαστούν. Ο μόνος που λείπει είναι ένας καλοντυμένος υπάλληλος πίσω από τον πάγκο, για να προσφέρει τις υπηρεσίες του. Ίσως το πιο εντυπωσιακό σ΄ αυτήν τη γιγάντια κοσμηματοθήκη είναι η βαριά πόρτα ασφαλείας με τα ογκώδη χερούλια και τα μεταλλικά μάνδαλα, που υποδηλώνουν ότι κάτι εντελώς ξεχωριστό βρίσκεται πίσω από αυτήν.

Κανείς για επιδόρπιο; Οι κόρες του ιδιοκτήτη χρησιμοποιούν το καφέ-μπαρ για να ετοιμάζουν και να απολαμβάνουν μιλκ-σέικ, ακριβώς όπως τον παλιό καιρό.

Αμέσως μετά, βρίσκεται το Blossom Dairy Café, με μία πινακίδα που ο Wilson εξηγεί ότι είναι αντίγραφο εκείνης που κρεμόταν στο μαγαζί του Charleston –και που τώρα ονομάζεται Blossom Deli. Η πινακίδα, που θυμίζει Broadway, και τα υαλότουβλα στο βάθος το κάνουν να φαίνεται εκκεντρικό και διασκεδαστικό. Στο εσωτερικό δε θα συναντήσεις ούτε τα χρώμια ούτε τα χρώματα της δεκαετίας του 1950 που κυριαρχούσαν στο μυθικό φαγάδικο και αναψυκτήριο, αλλά μια πιο πολυτελή σύγχρονη εκδοχή, με λουστραρισμένη κερασιά στα καθίσματα και στα σκαμνιά, καθώς και χαμηλό φωτισμό, που συνήθως συναντάς στα καπουτσίνο-μπαρ.

RIALTO
CinemaScope
JAMES DEAN
WARNER COLOR
"Rebel without a Cause"
The most magnificent picture ever!
GONE WITH THE WIND
CLARK GABLE
VIVIEN LEIGH
LESLIE HOWARD OLIVIA de HAVILLAND

BEACH
BOWLING
LANES
DRINK
Coca-Cola
5¢

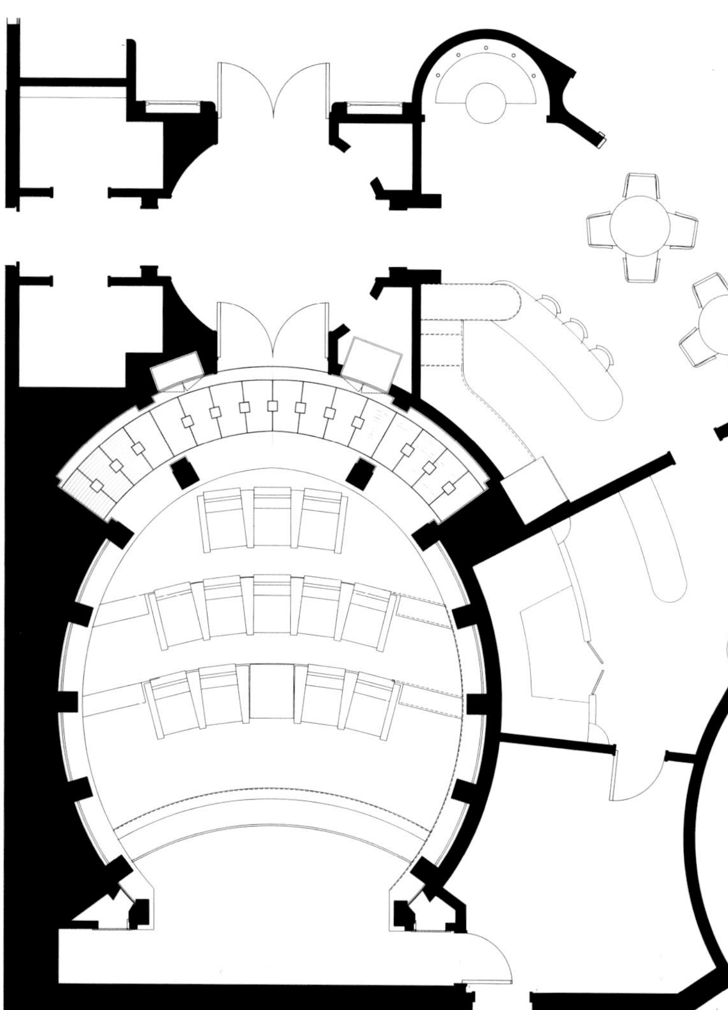

Ο κινηματογράφος αποκαλύπτεται σιγά σιγά σαν ένα αβγό Fabergé. Σημειώστε τη θέση του κοσμηματοπωλείου και του καφέ-μπαρ.

Υπάρχουν πάντως και κάποια στοιχεία που θυμίζουν τα παλιά. Εάν κοιτάξεις στην προθήκη, π.χ. θα βρεις μιλκ-σέικ και γλυκίσματα που έχουν κάτι από την αθωότητα ενός γαλακτοπωλείου του παλιού καιρού. Ακόμα και τα τραπέζια έχουν φινιρίσματα από χρώμιο.

Πινελιές από Charleston και Mountain State υπάρχουν εδώ και εκεί, στο σκούρο μπλε της ταπετσαρίας και του δαπέδου – στοιχεία στα οποία ο Wilson επέμεινε ιδιαίτερα, μια και το μπλε και το χρυσό είναι τα χρώματα της πολιτείας της Δυτικής Βιργινίας. Υπάρχει ακόμα και ένας τηλεφωνικός θάλαμος με μπλε κάθισμα, όπως του παλιού Blossom Dairy, μόνο που εδώ το κάθισμα είναι ανακλινόμενο, μέσα σε μία εσοχή, με καμπύλες σε στιλ Αρ Ντεκώ και με ένα ράφι για περιοδικά, στο ύψος των χεριών. Το σύνολο καταφέρνει να παντρέψει αρκετές γενιές και διακοσμητικά στιλ.

Πιο πολλές αναφορές στη Δυτική Βιργινία γίνονται στην τοιχογραφία πάνω από το καναπεδάκι, όπου παρουσιάζονται σκηνές από τη νεανική ηλικία του Wilson στο Charleston, όψεις κυβερνητικών κτιρίων, το Λύκειο Stonewall Jackson, όπου φοίτησε, και ένα πορτρέτο του ίδιου του Jackson, πάνω δεξιά. Εικονίζεται ακόμα και το κολυμβητήριο της πόλης, το Rock Lake Pool, που ήταν κάποτε λατομείο, πανομοιότυπο του οποίου έχει κατασκευαστεί και τοποθετηθεί έξω από αυτό το μοντέρνο κτίσμα, καθώς και το σπίτι όπου μεγάλωσε ο Wilson.

Το καφέ-μπαρ μπορεί να μην είναι ακριβώς όπως το Blossom Deli του σήμερα ή ακόμα και του χθες, αλλά σε αυτό ο Wilson ξαναζεί τη νιότη του, κατά κάποιον τρόπο. «Μου αρέσει να κοιτάζω την τοιχογραφία και να αναπολώ τα περασμένα ωραία χρόνια, ακόμα και αυτά που δεν ήταν τόσο ωραία», λέει ο Wilson.

Το καφέ-μπαρ είναι απόλυτα λειτουργικό, με ηλεκτρικές συσκευές, ψυγείο και νεροχύτη. «Τα παιδιά

Ο κινηματογράφος ακολουθεί τους κανόνες του υπόλοιπου σπιτιού που είναι σχεδιασμένο με καμπύλες. Ακόμα και τα χερούλια στις πόρτες είναι καμπυλωτά.

Το μικρό λόμπυ του κινηματογράφου είναι λιτό, όμως δίνει τη αίσθηση ότι μεταφέρεσαι σε μία άλλη διάσταση

ενθουσιάζονται», λέει η Melanie Wilson. «Πολλές φορές χρησιμοποιούν τις μηχανές και φτιάχνουν μιλκ-σέικ». Τελικά, ο παλιός καλός καιρός δεν είναι τόσο μακρινός όσο φαίνεται.

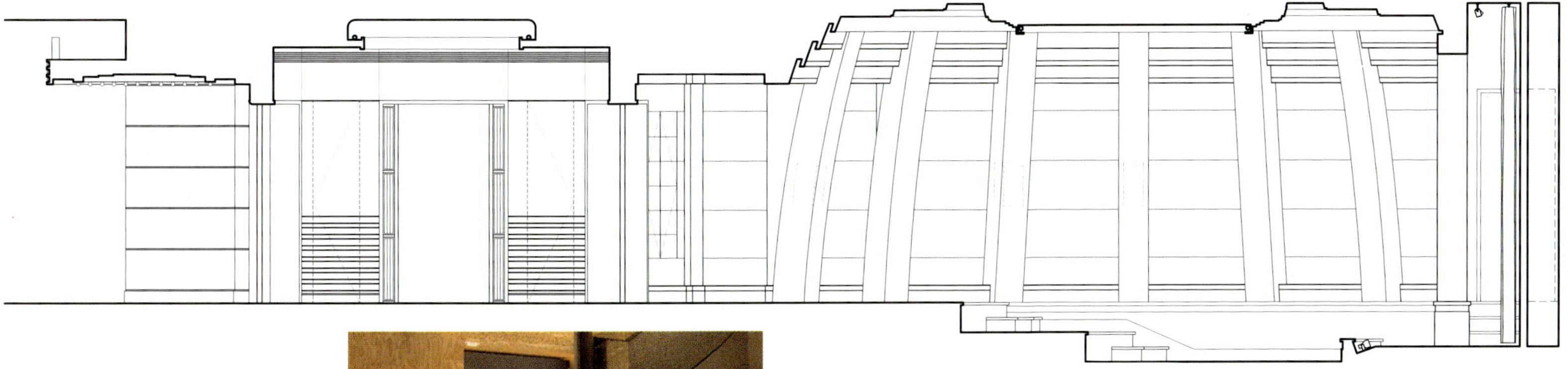

Το χωλ έχει οροφή σε χρώμα μπλε του ουρανού, ενώ ένας γυάλινος τοίχος στη μια του πλευρά επιτρέπει τη θέα σε μια σπηλιά που θυμίζει το Rock Lake Pool του Charleston. Εδώ είναι και η είσοδος για το διπλό Beach Bowling. Στο Charleston δεν υπήρχε Beach Bowling, αλλά αυτό εδώ κατασκευάστηκε για να τιμήσει την αγάπη που τρέφει η οικογένεια στις χαρές της παραλίας. Τα αστραφτερά Νέον θυμίζουν Αρ Ντεκώ και ακριβώς δίπλα υπάρχει μια διαφήμιση της Coca-Cola των πέντε σεντς – μήπως τις θυμόσαστε; Αμέσως μετά, ακολουθεί το γκισέ των εισιτηρίων και, τέλος, η εκθαμβωτική Αρ Ντεκώ είσοδος του Rialto του Charleston!

Το Rialto, στην πρωτεύουσα της Δυτικής Βιργινίας, δεν υπάρχει πια, αλλά εδώ έχει ξαναζωντανέψει με μια εκθαμβωτική μαρκίζα από Νέον και κάτω απ' αυτήν το αστραφτερό στέγαστρο που φωτίζεται από λαμπτήρες φθορίου της εποχής εκείνης. Μοιάζει σαν να είναι η μετενσάρκωση του Rialto στη Νότια Καλιφόρνια. Στο δάπεδο της εισόδου, μια σειρά από αστέρια δημιουργούν ένα μικρό «Περίπατο προς τη Δόξα». Συστοιχίζονται μεταξύ τους με αποκλίνουσες γραμμές που ξεκινούν από τις πόρτες της εισόδου.

Μόλις βρεθούμε μέσα στην κυρίως αίθουσα, όλες οι μνήμες του Charleston και της δεκαετίας του 1950 μένουν πίσω.

Οι ανδρικές και γυναικείες τουαλέτες είναι διακοσμημένες κομψά, με απλίκες Αρ Ντεκώ, καθρέπτες και ειδικές εντοιχισμένες κατασκευές. Η προσοχή στη λεπτομέρεια φαίνεται στην επιλογή των ειδών υγιεινής, στα αντικείμενα τέχνης και στη γκάμα των χρωμάτων.

Το λόμπυ είναι ένας τέλειος κύκλος με λιτό διάκοσμο και με επένδυση από ξύλο σφενδάμου με μια ιδιαίτερη αμμώδη υφή, που δημιουργεί την αίσθηση ότι αιωρούμαστε στο διάστημα. Ψηλά, υπάρχει ένας υπέροχος λευκός θόλος, ενώ το δάπεδο καλύπτεται από έναν τάπητα σε μπλε και χρυσό, με ελικοειδή σχέδια που καταλήγουν στο κέντρο στο μονόγραμμα «R». Είναι σαν να βρισκόμαστε σε όχημα επιστημονικής φαντασίας, σαν να πρόκειται το δωμάτιο να απογειωθεί σε μία άλλη διάσταση.

Αυτό είναι μόνο μία εισαγωγή σ΄ αυτό που πρόκειται να ακολουθήσει. Οι επισκέπτες μπορούν από μία πλαϊνή πόρτα να επιστρέψουν στο καφέ-μπαρ, αισθάνονται όμως έντονα την ανάγκη να προχωρήσουν βαθύτερα, μέσα από τη διπλή πόρτα, για να ανακαλύψουν τι καινούργιο τους περιμένει.

Ο κινηματογράφος είναι αληθινά εντυπωσιακός. Μοιάζει με μήτρα, ωοειδούς σχήματος, με μια μεγαλειώδη αψίδα στη σκηνή και μια σειρά από ογκώδεις ημιπαραστάδες που στηρίζουν ένα κυκλικό διάζωμα σε επάλληλα επίπεδα. Οι ημιπαραστάδες και το διάζωμα είναι κατασκευασμένα από ένα είδος ιαπωνικού σπάνιου ξύλου, με αδρή επιφάνεια, με νερά που θυμίζουν ακανόνιστα πλαγκτόν, που μια ιδέα του πήραμε ήδη στο κυκλικό λόμπυ.
Στην ξύλινη επένδυση της οροφής υπάρχει μία κυκλική γυάλινη κατασκευή σε μπλε και χρυσό που φωτίζεται με κρυφό φωτισμό. Τα καθίσματα και η αυλαία, σε βαθύ μπλε χρώμα, επιτείνουν την αίσθηση μιας περιρρέουσας γαλήνης.

«Σ΄ ολόκληρο το σπίτι δεν υπάρχει ευθεία γραμμή ή ίσιος τοίχος, γι΄ αυτό και θέλαμε να φτιάξουμε εδώ κάτι περισσότερο από μια απλή κινηματογραφική αίθουσα σε συνηθισμένο ωοειδές σχήμα», λέει ο Wilson. «Ψάξαμε να βρούμε κινηματογράφους από την εποχή του 1930 και 1940. Θα είχαμε μελετήσει ήδη γύρω στους δέκα, όταν ο Θόδωρος βρήκε έναν που έμοιαζε με αυτόν».

Αυτό που βρήκε ο Καλομοιράκης ήταν ένας κινηματογράφος που ο Joseph Urban είχε σχεδιάσει για το New School στη Νέα Υόρκη το 1935, με ένα εντυπωσιακό αψιδωτό προσκήνιο και οροφή σε επάλληλα επίπεδα. Ο Urban ήταν αρχιτέκτονας και διακοσμητής, γνωστός επίσης για τη σχεδίαση του εντυπωσιακού ωοειδούς θεάτρου Ziegfeld, στη Νέα Υόρκη.

Ο Wilson λέει ότι τα παιδιά και οι φίλοι τους χρησιμοποιούν τον κινηματογράφο συχνά για να βλέπουν ταινίες και να παίζουν παιχνίδια βίντεο στη μεγάλη οθόνη, αλλά και αυτός με τη γυναίκα του βλέπουν ταινίες αρκετά συχνά. Στον Wilson επίσης αρέσει να παρακολουθεί αθλητικές εκπομπές, ιδιαίτερα τις κολλεγιακές ομάδες Pac-10 στο πρωτάθλημα NCAA μπάσκετμπολ, για άνδρες.

Οι Wilson όμως προορίζουν τον κινηματογράφο και για άλλες δραστηριότητες. Ο Wilson λέει ότι έχει φροντίσει ακόμα και για την εγκατάσταση φωτισμού στο εμπρός μέρος της μεγάλης κοίλης σκηνής, ώστε μια ημέρα τα εγγόνια του να μπορούν να δίνουν παραστάσεις ή να απολαμβάνουν παραστάσεις που θα δίνονται από άλλους. Υπάρχει ακόμα και μια είσοδος στο πίσω μέρος της σκηνής, που περνάει μέσα από το κελάρι με τα κρασιά και καταλήγει στον κρυφό χώρο πίσω από την πόρτα του χρηματοκιβωτίου του κοσμηματοπωλείου Kay΄s.

Πλάι στο κυκλικό λόμπυ του Rialto βρίσκονται οι ανδρικές και γυναικείες τουαλέτες, διακοσμημένες σε πλούσιο στιλ Αρ Ντεκώ, με καθρέπτες και απλίκες Αρ Ντεκώ και πολλές ευκολίες για τους επισκέπτες. Είναι φανερό πως έχει προσεχθεί και η παραμικρή λεπτομέρεια.

Παρ΄ όλο που ο Wilson θεωρεί τον εαυτό του άνθρωπο που τον ενδιαφέρει το σύνολο και όχι η λεπτομέρεια, ωστόσο σ΄ αυτήν την περίπτωση είναι φανερή η προσήλωσή του στη λεπτομέρεια. «Ασχολούμαι με τις λεπτομέρειες όταν πρόκειται για το σπίτι μου, όπως, για παράδειγμα, για το χρώμα του τάπητα ή ακόμα και για τα είδη υγιεινής», λέει ο Wilson.

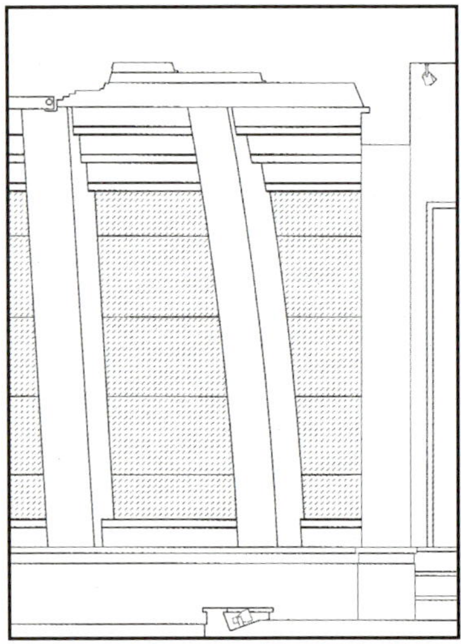

Μπορεί το σχέδιο του συγκεκριμένου χώρου να ολοκληρώθηκε, αλλά ο Wilson έχει ήδη ξεκινήσει ένα άλλο που είναι σε εξέλιξη στο ξυλουργικό εργαστήρι του. «Όλο το σπίτι σχεδιάστηκε με υπολογιστή και, επειδή με ενδιαφέρει η σύγχρονη τεχνολογία, έχω δύο μηχανήματα CAD-CAM (ένα για σχέδιο με τη βοήθεια υπολογιστή και ένα για βιομηχανοποιημένη κατασκευή με τη βοήθεια υπολογιστή). Προς το παρόν ασχολούμαι με το CAD-CAM ερασιτεχνικά, προκειμένου να σχεδιάζω τρισδιάστατα καλλιτεχνικά έργα από ξύλο. Παίρνω ειδικά μαθήματα και θα βρω τρόπο ηλεκτρονικής επεξεργασίας του ξύλου για την κατασκευή αυτών των αντικειμένων», λέει ο Wilson. «Μου αρέσει να χρησιμοποιώ την τεχνολογία για να επεξεργάζομαι παραδοσιακά υλικά. Θα ασχοληθώ, ιδιαίτερα, όταν θα αποσυρθώ από τις επιχειρήσεις μου».

Αυτό θα συμβεί μόνο εάν μπορέσει να απαγκιστρωθεί από την εταιρεία Software που ίδρυσε πρόσφατα και που εξελίσσεται συνεχώς. Η ξυλογλυπτική με ηλεκτρονικό υπολογιστή θα αποτελέσει την επόμενη δραστηριότητα ανάμεσα στις πολλές ευτυχισμένες φάσεις της ζωής του. Η δημιουργία αυτού του αλησμόνητου χώρου που θαυμάσαμε αποτελεί μία από αυτές τις φάσεις.

Τα μπλε καθίσματα, οι καμπύλες και η αδρή επιφάνεια του σπάνιου ιαπωνικού ξύλου προκαλούν ένα αίσθημα χαλάρωσης, σε έναν επιβλητικό κατά τα άλλα χώρο.

PARAMOUNT

Η ΠΡΟΒΗΓΚΙΑ ΣΤΗ ΒΟΡΕΙΑ ΑΜΕΡΙΚΗ

Θα θέλατε μια γεύση από αγροτική Γαλλία; Ο ιδιοκτήτης επιζητούσε μια τέτοια γεύση και η όρεξή του δεν περιορίστηκε μόνο σε έναν κινηματογράφο γαλλικού στιλ. Πρόθεσή του ήταν να αναπαραστήσει ένα ολόκληρο χωριό της Προβηγκίας, όπου οι γεύσεις απ' όλα τα πράγματα μοιάζουν να είναι πιο μεστές.

Το κρασί σιγοπίνεται σαν να έρχεται κατευθείαν από το κλήμα στο μπουκάλι και από εκεί στο ποτήρι, το τυρί έχει πιο έντονη γεύση και σχεδόν υδαρή υφή, ακόμα και ο αέρας μυρίζει χώμα, στοιχεία που δεν παραπέμπουν τόσο στον αγροτικό χαρακτήρα της περιοχής, όσο στη χαμένη πολυτέλεια της πραγματικής γεύσης των πραγμάτων. Πάρτε μια βαθιά ανάσα και απολαύστε το.

Εάν η Προβηγκία θεωρείται η απόλαυση κάθε γνώστη, άλλο τόσο είναι και αυτό το ακριβές αντίγραφο ενός γαλλικού χωριού, με τα λιθόστρωτα μονοπάτια, τους πέτρινους τοίχους και τις ξύλινες πόρτες, εμπλουτισμένο με τα ενδιαφέροντα και τις συλλογές του ιδιοκτήτη του σπιτιού. Η νέα εκδοχή της παλιάς αγροτικής Γαλλίας στην ακτή της Καλιφόρνιας περιλαμβάνει καπνοπωλείο, οινοπωλείο, κατάστημα παιχνιδιών, ένα χαρτοπωλείο με πλούσια συλλογή από πένες, ακόμα και παντοπωλείο, καθώς και δημόσιες τουαλέτες – και βέβαια έναν περίτεχνο, κομψό κινηματογράφο.

Η είσοδος του κινηματογράφου είναι υπέροχα φωτισμένη.

Πλάι, διακρίνεται το οινοπωλείο, ένα από τα αξιοθέατα αυτού του «πάρκου» ψυχαγωγίας.

LA POSTE
A LA JOLIE PLUME
FRANCE

Κατηφορίστε το λιθόστρωτο και θα βρεθείτε σε ένα γαλλικό χωριό που συμπληρώνεται από τη θέα ενός άλλου χωριού που διακρίνεται μέσα από μία πύλη. Περνώντας μπροστά από τη βρύση του χωριού και τη μαρκίζα του κινηματογράφου, ίσως ακούσετε το τσαφ-τσουφ του κουκλίστικου τρένου από το διπλανό κατάστημα παιχνιδιών.

Λίγο πιο κάτω, θα αντικρίσετε τις πέτρινες προσόψεις και τις παλιές ξύλινες πόρτες με τους χειροποίητους μεντεσέδες του χαρτοπωλείου, το καπνοπωλείο με την προθήκη για περιοδικά, το οινοπωλείο, την τράπεζα και το παντοπωλείο. Η πέτρα, το σίδερο, το ξύλο, ακόμα και τα κεραμίδια, συνδυάζονται για να δώσουν την εικόνα ενός παλιού χωριού, που παρουσιάζεται όμως σαν μια προθήκη από γεύσεις και εντυπώσεις και όπου ο επισκέπτης θα σταθεί για να δοκιμάσει όλη αυτήν την ποικιλία.

Το ρεαλιστικό στοιχείο δεν αποτελεί έκπληξη. Ο Θόδωρος Καλομοιράκης πέρασε μια εβδομάδα στην Προβηγκία, μελετώντας τα χωριά της γαλλικής υπαίθρου, φωτογραφίζοντάς τα και παρατηρώντας την αρχιτεκτονική τους αλλά και τους ανθρώπους. Ο ιδιοκτήτης προμηθεύτηκε αυθεντικά υλικά από τα χωριά, ξεκινώντας από τις πλάκες των μονοπατιών, μέχρι τις πέτρες των τοίχων και τα κεραμίδια στις στέγες, και ακόμα τις φθαρμένες ξύλινες πόρτες.

Τα πράγματα όμως δεν είναι όπως ακριβώς φαίνονται στις σελίδες που ακολουθούν. Αυτό το χωριό αναψυχής δεν έχει ακόμα πάρει σάρκα και οστά. Πρόκειται για εικόνες ενός έργου που βρίσκεται σε εξέλιξη, που προέρχονται από ηλεκτρονικό υπολογιστή και σχεδιάστηκαν για να δώσουν στον πελάτη του Θόδωρου Καλομοιράκη μία ρεαλιστική άποψη του χώρου.

Οι επισκέπτες μπαίνουν μέσα από μια αψιδωτή πόρτα (άκρη δεξιά) και βρίσκονται αμέσως στη γαλλική ύπαιθρο. Ακόμα και το σχέδιο του λιθόστρωτου, σε μορφή βεντάλιας, θυμίζει χωριό της γαλλικής υπαίθρου.

Οι εικόνες έχουν γίνει από τον Anthony Cortez, ο οποίος πήρε τις φωτογραφίες του Καλομοιράκη από τη Γαλλία και τις συνδύασε με τη βοήθεια υπολογιστή με μοντέλα υπαρκτών πραγμάτων, όπως π.χ. οι πέτρες του λιθόστρωτου. Κάποιες από τις εικόνες, εξηγεί ο Cortez, αποτελούνται από περισσότερα από εκατό διαφορετικά κομμάτια, είτε σχεδιασμένα είτε μακέτες, επεξεργασμένα στο πρόγραμμα του υπολογιστή.

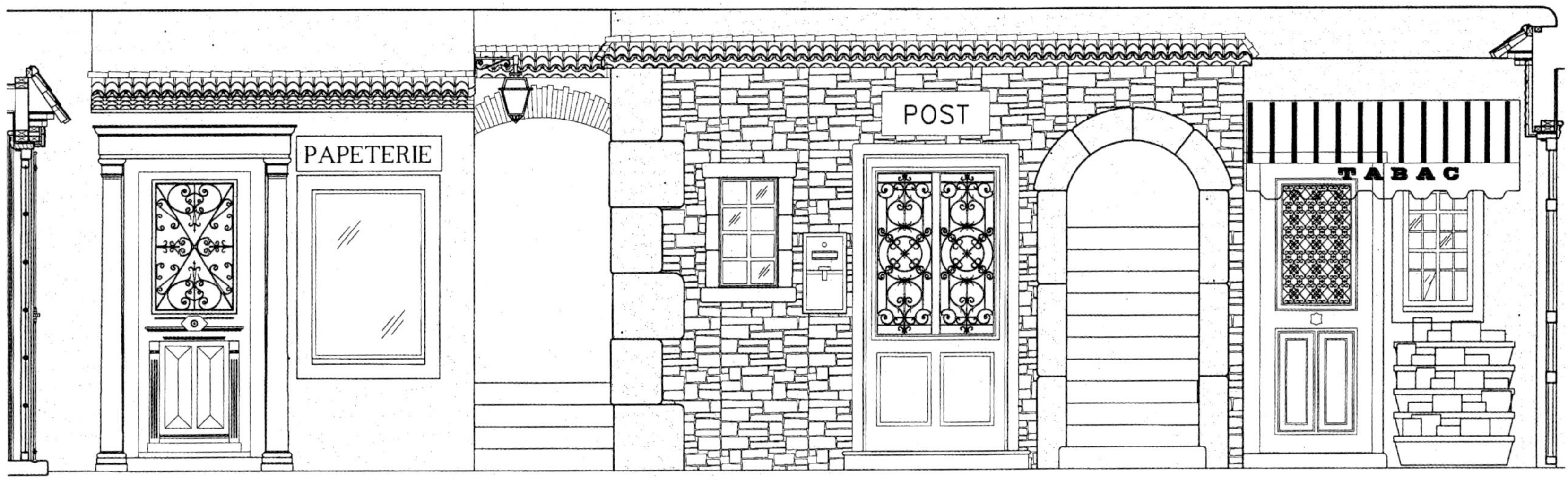

Οι πέτρινοι τοίχοι, για παράδειγμα, σχεδιάστηκαν με βάση τις φωτογραφίες που πήρε ο Καλομοιράκης. Έτσι, ο Cortez δε χρειάστηκε να αναπαραγάγει την κάθε πέτρα ξεχωριστά. Για τις πέτρες του λιθόστρωτου, ωστόσο, ακολουθήθηκε μία διαδικασία που μοιάζει σαν να φορμάρεις ένα κομμάτι πηλού σε υπολογιστή, συγκολλώντας το, κομμάτι κομμάτι. Από τη στιγμή που η πρώτη πέτρα δημιουργήθηκε, ο Cortez δεν είχε παρά να το επαναλάβει, χρωματίζοντας διαφορετικά την καθεμία, για να δημιουργήσει την τόσο ενδιαφέρουσα σύνθεση σε μορφή βεντάλιας, όπως φαίνεται στις φωτογραφίες από τη Γαλλία.

Τα πλούσια διακοσμητικά στοιχεία και οι αψίδες έχουν δημιουργηθεί σύμφωνα με σχέδια από μπαρόκ και αναγεννησιακά θέατρα της Γαλλίας του οίκου Rapp & Rapp. Η ψηφιακή εγκατάσταση περιλαμβάνει αρχιτεκτονικές λεπτομέρειες που η εταιρεία Rapp & Rapp χρησιμοποίησε σε πολλούς από τους κινηματογράφους που κατασκεύασε για την Paramount, στη δεκαετία του 1920.

Ο χώρος είναι φωτισμένος με τη βοήθεια ενός σύνθετου προγράμματος software που είναι σε θέση να φωτίζει έντονα, να σκιάζει ή να στέλνει έναν απόλυτα φυσικό φωτισμό, ανάλογα με την περίπτωση.

Τις μεγαλύτερες δυσκολίες τις παρουσίασε ο κινηματογράφος για να παραχθεί ηλεκτρονικά, γιατί οι περίτεχνα διακοσμημένες οροφές και οι παραστάδες απαιτούσαν τη σχεδίαση και μεταφορά πολλών στοιχείων σε πρόπλασμα. Ο Cortez εργάστηκε από φωτογραφίες, σχέδια από υπολογιστή και δείγματα χρωμάτων. Τα κιονόκρανα έγιναν από φωτογραφίες καταλόγων, τα καθίσματα από φωτογραφίες καθισμάτων που είχε σχεδιάσει ο Καλομοιράκης και στα οποία προστέθηκε η τεχνική καπιτονέ· ο σκελετός της οροφής, από σχέδια που είχαν παραχθεί με τη βοήθεια υπολογιστή (AD), και η διακόσμησή της, από βιβλία ζωγραφικής. Για τα βολβόσχημα στοιχεία της οροφής έγιναν προπλάσματα, το ίδιο έγινε και για τις εσοχές που δημιουργούνται, εκεί όπου οι θόλοι τέμνονται στις γωνίες.

Το εσωτερικό της κάβας-οινοπωλείου δημιουργούσε και αυτό προβλήματα αποτύπωσης. Η οροφή αναπαράχθηκε από τη φωτογραφία μιας οροφής με μακριά ξύλινα δοκάρια από τη Γαλλία. Τα ράφια για το κρασί έγιναν τρισδιάστατα, με βάση φωτογραφίες της εταιρείας που τα κατασκευάζει.

Η παιχνιδιάρικη διάθεση του ιδιοκτήτη αποκαλύπτεται στο κατάστημα παιχνιδιών, απέναντι από την είσοδο του κινηματογράφου

Τα μπουκάλια, οι φελλοί και το κομμάτι από τυρί κατασκευάστηκαν σε πρόπλασμα τριών διαστάσεων, οι ετικέτες των παλιών κρασιών, από μποτίλιες που αγόρασε ο Cortez. Στη συνέχεια, ο Cortez περίμενε οκτώ με δέκα ώρες για να πετύχει τον κατάλληλο φωτισμό που θα τόνιζε την αντανάκλαση του φωτός στα ποτήρια και στη με επιχρωμίωση επιφάνεια του τιρμπουσόν. Πρόσθεσε ακόμα και βρομιές και κάπνες στους τοίχους, για να μοιάζουν πιο αληθινοί.

Στο βάθος του διαδρόμου υπάρχει ένα κατάστημα με αντίκες και ένα παντοπωλείο. Στο μαυροπίνακα είναι γραμμένες οι προσφορές της ημέρας.

Συνολικά, ο Cortez εργάστηκε τρεις με τέσσερις μήνες για να ετοιμάσει την ψηφιακή εικόνα αυτού του «περιπάτου», καθώς και μία έκδοση σε ζωντανή εικόνα, για να τις δει ο ιδιοκτήτης. Η λεπτομερειακή δουλειά του φαίνεται από το τόσο ρεαλιστικό αποτέλεσμα.

LE GRENIER DE MA GRAND MERE
Restaurant
L'Isle sur la Sorgue
FRANCE

Δίπλα από το οινοπωλείο βρίσκεται ένα καπνοπωλείο και μια προθήκη πώλησης περιοδικών.

Ακόμα και οι πέτρινοι τοίχοι της Προβηγκίας θα ξαναχτιστούν σε αυτόν τον αυθεντικό χώρο απόδρασης από την καθημερινότητα.

Οι πλούσιες γεύσεις και τα αρώματα της Προβηγκίας ζωντανεύουν ακόμα και στον ψηφιακό σχεδιασμό του οινοπωλείου που έγινε με βάση φωτογραφίες που βρέθηκαν στη Γαλλία.

Σε τελευταία ανάλυση, ο ιδιοκτήτης αναζητούσε πεισματικά την αυθεντικότητα.

Ο ιδιοκτήτης έφτασε στο σημείο να αγοράσει τις πόρτες του κινηματογράφου Paramount της ιδιαίτερης πατρίδας του, του Toledo στο Ohio, επειδή και ο δικός του κινηματογράφος έχει το ίδιο όνομα.

Υπήρχε όμως κάποιο πρόβλημα: οι πόρτες είχαν ύψος 2,74 μ. και το ύψος του κτίσματος στο χώρο του ισογείου ήταν 2,43 μ. Έτσι, το ύψος έπρεπε να αυξηθεί, ώστε να ταιριάζουν οι πόρτες. Στο διάστημα αυτό, οι πόρτες είχαν αποθηκευτεί σε ένα κτίριο στη Νέα Υόρκη, που όμως κατέρρευσε, και θεωρήθηκε ότι κι αυτές είχαν καταστραφεί, εφόσον δε βρέθηκαν πουθενά. Αργότερα, βρέθηκαν στο κατάστημα ενός εμπόρου έργων τέχνης, με τον οποίον ο ιδιοκτήτης διαπραγματεύτηκε την επιστροφή τους.

Οι πόρτες, όπως και το υπόλοιπο τμήμα του γαλλικού χωριού, θα βρουν στέγη σε κάποιο ισόγειο κτίσμα στην Καλιφόρνια. Αναρωτιόμαστε εάν το κρασί και το τυρί που θα σερβίρονται εκεί θα έχουν καλύτερη γεύση.

ΟΛΥΜΠΙΑ

ΣΥΓΧΡΟΝΗ ΑΡΧΙΤΕΚΤΟΝΙΚΗ ΣΕ ΑΘΗΝΑΪΚΟ ΠΡΟΑΣΤΙΟ

Ένας τέλειος κύκλος δεν είναι μόνο απόλαυση για τα μάτια. Αποτελεί ένα αισθητικό σύνολο, ένα σύμβολο ενότητας και αιωνιότητας που μας υπενθυμίζει από πού προερχόμαστε και πού θα θέλαμε να φτάσουμε. Εκφράζει συγχρόνως ευαισθησία και ιδεαλισμό.

Σας παρουσιάζουμε έναν ιδιωτικό κινηματογράφο που συνδυάζει το αισθητικό αποτέλεσμα με τον ευσεβή πόθο για την αναζήτηση της τελειότητας – σε μια πρόταση που γεφυρώνει το αρχαίο με το σύγχρονο.

Αυτός ο κινηματογράφος έχει ωοειδές σχήμα, επειδή και το υπόλοιπο σπίτι έχει κυκλικό σχήμα.

Εξάλλου, αυτό το τεράστιο οικοδόμημα σχεδιάστηκε και κατασκευάστηκε με τα υψηλότερα ποιοτικά κριτήρια. Παγκόσμια γνωστοί σχεδιαστές εσωτερικών χώρων, αρχιτέκτονες κήπων και ειδικοί που ασχολούνται με υδάτινες εγκαταστάσεις εργάστηκαν γι΄ αυτόν το σκοπό. Ο κινηματογράφος έπρεπε λοιπόν και αυτός να είναι πρώτης τάξεως.

Μόλις μπείτε σ' αυτόν τον κυκλικό κινηματογράφο, θα αντικρίσετε το σμίξιμο της αισθητικής με την ποιότητα: κίονες από μαόνι και ένας θόλος με επικάλυψη από φύλλο χρυσού που εκπέμπει επιβλητική λάμψη

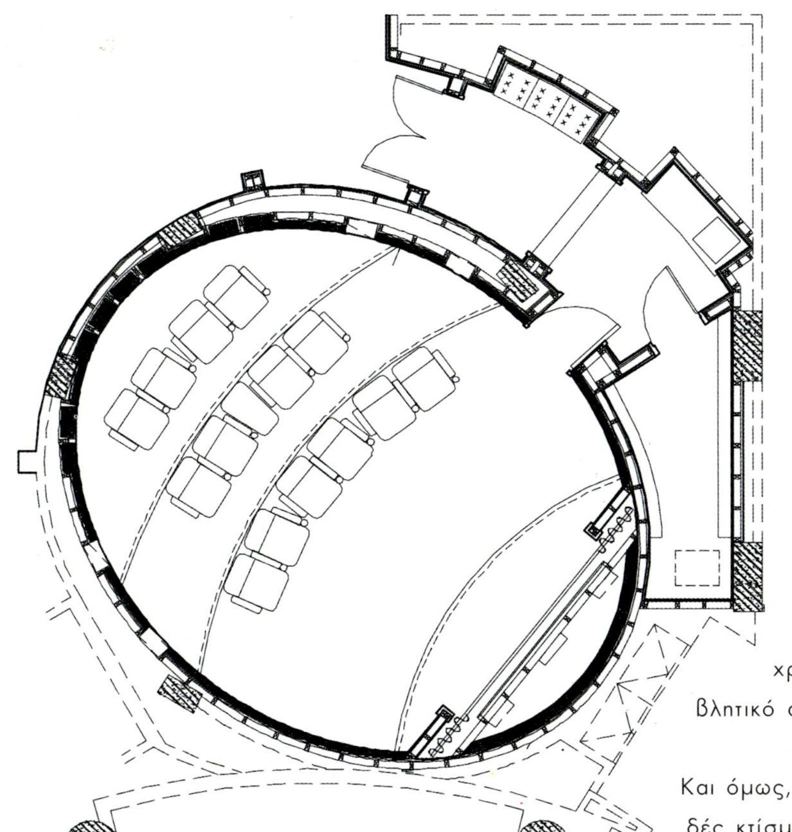

Έτσι δημιουργήθηκε ένας χώρος κατασκευασμένος με πλούσια υλικά, λουσμένος στο φως, που περιβάλλεται από κολόνες από μαόνι και μπρούντζο. Το σύνολο χαρακτηρίζεται από την υψηλή του ποιότητα και τις αρμονικές καμπύλες: ένας θόλος επενδεδυμένος με φύλλο χρυσού περιβάλλεται από φώτα που ρίχνουν ζεστό φωτισμό. Κουρτίνες και καθίσματα, σε δαμασκηνί χρώμα, συμπληρώνουν τον επιβλητικό αυτό χώρο.

Και όμως, αυτό το υπερσύγχρονο ωοειδές κτίσμα εκφράζει κάτι λιτό και πανάρχαιο: ένα πανάρχαιο ελληνικό κυκλικό θέατρο ή μια παλαίστρα για αθλητές στην Ολυμπία, τη στιγμή που αγωνίζονται κάτω από το λαμπρό ήλιο. Ένας άλλος κύκλος διαγράφεται εδώ: το κτίσμα αποτέλεσε τόπο υποδοχής και αναψυχής για τους υψηλούς καλεσμένους των Ολυμπιακών Αγώνων που επέστρεψαν στην Αθήνα το 2004.

Το ωοειδές σχήμα του κινηματογράφου απαιτούσε προσεκτικό σχεδιασμό τού φωτιστικού και ηχητικού συστήματος.

Η διαφορά είναι ότι σ' αυτόν τον κινηματογράφο, το δράμα εκτυλίσσεται με τη βοήθεια της σύγχρονης τεχνολογίας: ηχητικό σύστημα υψηλής πιστότητας, ψηφιακό σύστημα προβολής και ηχητικές παρεμβάσεις που βοηθούν στην εξισορρόπηση του ήχου μέσα σ' έναν κυκλικό χώρο που δημιουργεί αντήχηση. Προς αυτήν την κατεύθυνση, ο σχεδιαστής του ιδιωτικού κινηματογράφου Θόδωρος Καλομοιράκης συνεργάστηκε στενά με τον ειδικό στις οπτικοακουστικές εγκαταστάσεις Γιάννη Ρουμπέση. Το αποτέλεσμα ήταν άριστη ποιότητα ήχου. Αισθητική και ποιότητα ήχου αποτελούν ένα αναπόσπαστο σύνολο.

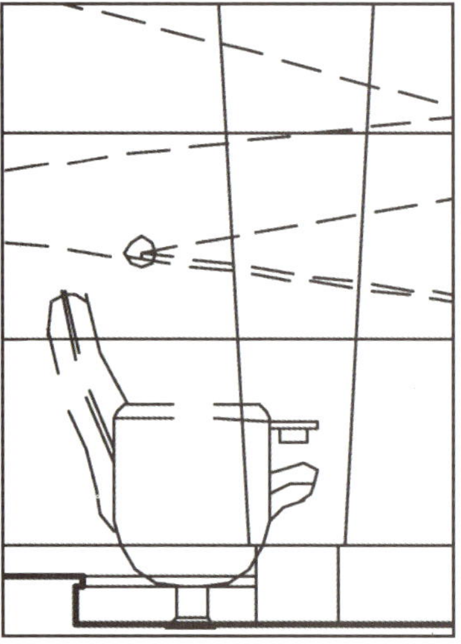

Για παράδειγμα, τα ηχεία του ισχυρού ηχητικού συστήματος είναι αόρατα. Κάποια απ΄ αυτά είναι τοποθετημένα πίσω από την οθόνη, ενώ άλλα κρύβονται στους ντυμένους με ύφασμα τοίχους.

Ένα πλήρες σύστημα ελέγχου μπαίνει σε λειτουργία με τη βοήθεια ενός μεγάλου πληκτρολογίου που επιτρέπει στους ιδιοκτήτες να επιλέγουν ακόμα και μουσική από την τεράστια δισκοθήκη τους.

Επί πλέον, λέει ο Ρουμπέσης, τα πληκτρολόγια δίνουν τη δυνατότητα προβολής video: «Μπορούμε να βλέπουμε στην οθόνη ό,τι επιθυμούμε, με ένα απλό άγγιγμα».

Σε χώρους σαν αυτόν, η υψηλή τεχνολογία συναντιέται με την αισθητική, η προσδοκία γίνεται πραγματικότητα, ενώ κυριαρχεί η υψηλότερη δυνατή ποιότητα. Είναι ένας χώρος ανάπαυσης, όπου μπορούμε να αναπολήσουμε το παρελθόν, ατενίζοντας συγχρόνως με αισιοδοξία το μέλλον. Και κάποια μέρα ίσως να μπορέσουμε να κλείσουμε τον κύκλο.

Ο κινηματογράφος καλεί τους επισκέπτες να ρίξουν μια νοσταλγική ματιά στο παρελθόν, ατενίζοντας συγχρόνως με αισιοδοξία το μέλλον.

ΣΙΝΕ ΕΛΗΕΣ

Η ΜΑΓΕΙΑ ΤΟΥ ΥΠΑΙΘΡΙΟΥ ΚΙΝΗΜΑΤΟΓΡΑΦΟΥ ΣΕ ΕΝΑ ΠΑΡΑΘΑΛΑΣΣΙΟ ΚΤΗΜΑ

Η έλλειψη ορισμένων πραγμάτων στο παρελθόν, όπως η έλλειψη συστημάτων εξαερισμού και ψύξης, οδήγησαν τους παλιούς επιχειρηματίες να δημιουργήσουν κινηματογράφους στο ύπαιθρο, που λειτουργούσαν στη διάρκεια του καλοκαιριού. Έτσι άρχισε η παράδοση των «θερινών» κινηματογράφων στην Ελλάδα, που όμως σήμερα τόσο μας έχουν λείψει.

Η ατμόσφαιρα ήταν ξεχωριστή σ΄ αυτούς τους κινηματογράφους. Αναρριχώμενα φυτά στόλιζαν τους τοίχους, το φεγγάρι συνόδευε όσα διαδραματίζονταν στην οθόνη, τα καθίσματα από καραβόπανο δημιουργούσαν μια αίσθηση φιλική και οικογενειακή. Ήταν η εποχή που η ποιότητα των «θερινών σινεμά» κρινόταν, περισσότερο απ΄ οτιδήποτε άλλο, από τα φυτά και τα άνθη που τα στόλιζαν.

Εκείνες οι ημέρες μπορεί να έχουν περάσει, όχι όμως στις «Ελιές» – ένα «θερινό σινεμά» που βρίκεται σε ένα ιδιωτικό κτήμα στο Πόρτο Χέλι. Οι ιδιοκτήτες ήθελαν να φτιάξουν έναν κινηματογράφο στην κορυφή του λόφου που να ακολουθεί την παράδοση των παλιών «θερινών σινεμά», λέει ο αρχιτέκτονας Θόδωρος Καλομοιράκης. «Και αυτό μου έδωσε την ευκαιρία να ξαναζήσω τα παιδικά μου χρόνια, να απολαύσω τις χάρες ενός κινηματογράφου στο ύπαιθρο. Προσπαθήσαμε να μιμηθούμε το λαϊκό ύφος των «θερινών σινεμά» στην Ελλάδα.

Rita HAYWORTH
Gilda

Μέσα βρίσκεται ένας κήπος θαυμάτων, με το κυλικείο και το κουβούκλιο προβολής, στο πίσω μέρος. Τα 50 καθίσματα από καραβόπανο δημιουργούν ένα φιλικό, οικογενειακό περιβάλλον.

Οι καλεσμένοι προσπερνούν ένα παλιό κάρο που βρίσκεται λίγο πριν από την είσοδο και μπαίνουν στον κινηματογράφο, μέσα από πέτρινες καμάρες. Δίπλα τους βρίσκεται το γκισέ των εισιτηρίων φτιαγμένο από τούβλα, με κόκκινη κεραμιδένια στέγη. Πυκνά αναρριχώμενα φυτά με άνθη που μοσχοβολούν σκεπάζουν το κυλικείο, στο πίσω μέρος του χώρου.

Σειρές καθίσματα από άσπρο καραβόπανο στοιχίζονται μπροστά στη μεγάλη οθόνη, που και αυτή εδράζεται σε κατασκευή από τούβλα, με κόκκινη κεραμιδένια στέγη.

Είναι ένας κινηματογράφος μέσα σε κήπο – αλλά και κάτι περισσότερο. Η οικεία, φιλική ατμόσφαιρα προκαλεί ένα αίσθημα κοινόβιου που δεν το βρίσκει κανείς σε άλλους κινηματογράφους, ιδιωτικούς ή εμπορικούς. Ο Καλομοιράκης θυμάται την ημέρα των εγκαινίων, όταν οι καλεσμένοι ανηφόριζαν το λόφο από το κοντινό λιμανάκι, ενώ οι μικροπωλητές, φορώντας τις ποδιές τους, περιφέρονταν στους διαδρόμους με σακουλάκια από αράπικο φιστίκι και ηλιόσπορο, έτσι όπως συνηθιζόταν στα «θερινά σινεμά», στην Ελλάδα του χθες.

Στη μεγάλη οθόνη παιζόταν η *Σαμπρίνα.* Σε κάποια σκηνή του έργου εμφανιζόταν ένα παρόμοιο κτήμα. Όταν η ορχήστρα, στο έργο, άρχισε να παίζει μουσική για ένα υπαίθριο πάρτι, ένα ολόγιομο φεγγάρι φώτισε το Πόρτο Χέλι πίσω από την οθόνη, και τότε ένα ομαδικό επιφώνημα θαυμασμού ακούστηκε. «Είναι κάποιες φορές που η ταινία που βλέπουμε στην οθόνη παίρνει μια διαφορετική διάσταση, ανάλογα με την ατμόσφαιρα γύρω μας ή το ποιος βρίσκεται κοντά μας, τις καλοκαιρινές νύχτες στα θερινά τα σινεμά», λέει ο Καλομοιράκης. Πραγματικά, αυτά τα «θερινά σινεμά» του χθες είχαν τέτοια μαγεία που δεν τη βρίσκει πια κανείς ούτε και στους πιο λαμπερούς κινηματογράφους κλειστού χώρου.

ΧΕΡΣΟΝΗΣΟΣ ΕΛΟΥΝΤΑ

ΚΙΝΗΜΑΤΟΓΡΑΦΟΣ ΓΙ' ΑΥΤΟΥΣ ΠΟΥ ΚΑΝΟΥΝ ΔΙΑΚΟΠΕΣ ΣΤΗΝ ΚΡΗΤΗ

Τα μεγάλα ξενοδοχεία κρύβουν ένα θεατρικό στοιχείο μέσα τους. Όποιος θελήσει να πάει στο εντελώς ξεχωριστό ξενοδοχείο «Χερσόνησος Ελούντα» στην Κρήτη, για παράδειγμα, να ξέρει πως θα βρει βασιλική μεταχείριση. Το σύγχρονο αυτό θέρετρο, όπου κυριαρχεί το λευκό, προσφέρει υπέροχη θέα στον κόλπο του Μιραμπέλλο και στο Αιγαίο Πέλαγος. Το προσωπικό είναι εκπαιδευμένο για να ικανοποιεί και την παραμικρή ιδιοτροπία του πελάτη.

Το φαγητό είναι πέντε αστέρων και υπάρχουν γήπεδα γκολφ και τένις. Για την ώρα αναψυχής υπάρχει επίσης ένας κινηματογράφος σαράντα θέσεων.

Στον κινηματογράφο κυριαρχεί το μπλε και το γκρίζο χρώμα που είναι και τα χαρακτηριστικά χρώματα της περιοχής λόγω της σύνθεσης του εδάφους και των ηφαιστειογενών βράχων. Καθαρές λευκές γραμμές στο προσκήνιο και μια υπέρκομψη οροφή δίνουν το χαρακτήρα στην αίθουσα. Ευδιάκριτοι λευκοί πεσσοί και από τις δύο πλευρές των καθισμάτων δημιουργούν κιονοστοιχίες που, καθώς τις βλέπεις από ψηλά, δίνουν έντονα τρισδιάστατη όψη στο χώρο, λέει ο αρχιτέκτονας Θόδωρος Καλομοιράκης.

Ο κινηματογράφος του ξενοδοχείου «Χερσόνησος Ελούντα», στα χρώματα της θάλασσας και της στεριάς, χαρακτηρίζεται από ένα καθαρό, λιτό ύφος.

«Η διεύθυνση του ξενοδοχείου έκρινε ότι θα ήταν μια θαυμάσια ιδέα να υπάρχει ένας κινηματογράφος για τους πελάτες», λέει ο Καλομοιράκης. «Στην αρχή, ανησυχούσα μήπως οι άνθρωποι δεν ήθελαν καλοκαιριάτικα να κλειστούν μέσα. Αλλά ο φόβος αυτός ήταν αβάσιμος. Αυτό το θέρετρο είναι για πελάτες απ΄ όλο τον κόσμο και όλοι τους θέλουν να απολαύσουν μια καλή ταινία».

Κάθε βράδυ στις δέκα, ο κινηματογράφος προβάλλει μια κλασική ή σύγχρονη ταινία, από το *Όσα Παίρνει ο Άνεμος* μέχρι το *Στινγκ* και το *Mission: Impossible 2*. «Αυτές οι προβολές αποδείχτηκαν ιδιαίτερα δημοφιλείς, κυρίως κατά τις εποχές με χαμηλή τουριστική κίνηση», λέει ο Φώτης Κοκοτός, στην οικογένεια του οποίου ανήκει το ξενοδοχείο.

Ο Κοκοτός θυμάται ότι η πρώτη προβολή που έγινε στον κινηματογράφο ήταν το Παγκόσμιο Κύπελλο FIFA 2002. «Οι περισσότεροι εντυπωσιάστηκαν από την ύπαρξη μιας αίθουσας προβολής τόσο υψηλής ποιότητας μέσα σε ένα ξενοδοχείο. Εγώ προσωπικά απόλαυσα περισσότερο τον αγώνα της Βραζιλίας, όταν κέρδισε το Παγκόσμιο Κύπελλο 2002, γιατί μόλις είχαμε τελειώσει την κατασκευή και ο κινηματογράφος είχε γεμίσει κόσμο.

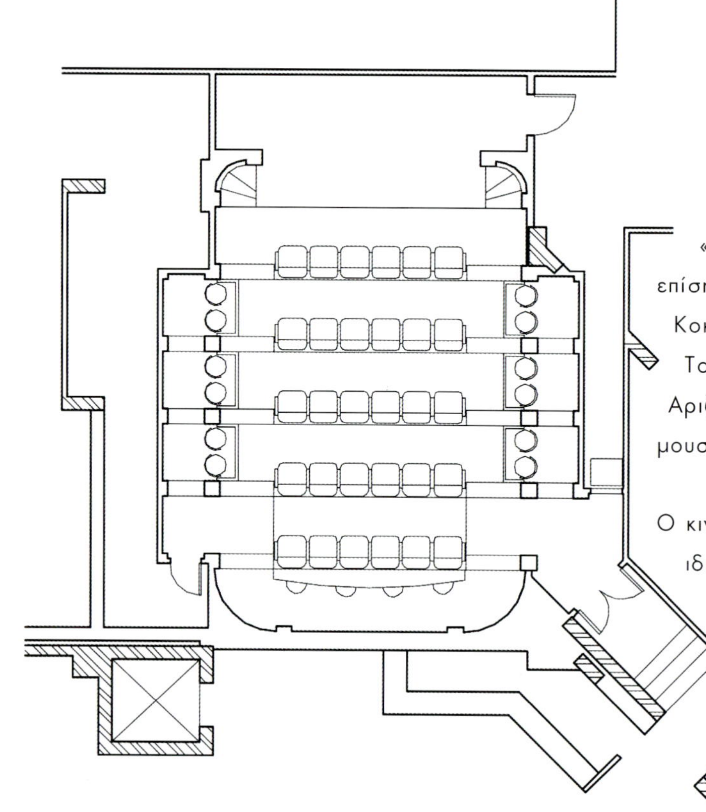

«Η ταινία *Mission: Impossible 2* είχε επίσης μεγάλη επιτυχία», προσθέτει ο Κοκοτός, «ιδιαίτερα στη σκηνή όπου ο Τομ Κρουζ σκαρφαλώνει στα βουνά της Αριζόνας, χωρίς ειδική εξάρτυση, με μουσική υπόκρουση ρέγγε».

Ο κινηματογράφος προσφέρεται και για ιδιωτικές προβολές: σύμφωνα με τον Κοκοτό, πολλοί θαμώνες του ξενοδοχείου νοικιάζουν την αίθουσα για την προβολή παιδικών ταινιών, για να μπορούν τα παιδιά τους να απασχολούνται ευχάριστα, όσο εκείνοι πηγαίνουν εκδρομές ή απλώς ξεκουράζονται.

Το σύγχρονο όσο και λιτό ύφος στο διάκοσμο του κινηματογράφου τον κάνει κατάλληλο και για επαγγελματικές συναντήσεις και επιστημονικά συμπόσια. Ο κινηματογράφος διαθέτει ακόμα και σύστημα αυτόματης μετάφρασης, έτσι ώστε οι θεατές να παρακολουθούν την ταινία στη μητρική τους γλώσσα. Επί πλέον, ένα αυτόματο σύστημα σταδιακά μειώνει την ένταση του φωτός δημιουργώντας μια γκάμα προγραμματισμένων εντάσεων, όπως «Πλήρης», «Ταινία», «Διάλεξη» και «Ρομαντική ατμόσφαιρα».

Εδώ πρόκειται για παροχή υπηρεσιών πέντε αστέρων, με θεατρικό στιλ.

ΘΕΑΤΡΟ ΚΑΠΠΑ

ΣΥΓΧΡΟΝΟΣ ΘΕΑΤΡΙΚΟΣ ΧΩΡΟΣ ΣΤΟ ΚΕΝΤΡΟ ΤΗΣ ΑΘΗΝΑΣ

Τίποτα δε συγκρίνεται με το ζωντανό θέατρο. Έχει απαιτήσεις από τους ηθοποιούς, τους χειριστές σκηνής και το σκηνοθέτη κάθε βράδυ σε συνεχή βάση. Είναι αυθόρμητο. Είναι επικίνδυνο. Είναι συγκινητικό. Και είναι αφάνταστη χαρά και ικανοποίηση για όποιον έχει σχέση μαζί του.

Κανένας ίσως δε θα λαχταρούσε τόσο πολύ «να δώσει τη δική του παράσταση» στη σκηνή του Θεάτρου Κάππα, στο κέντρο της Αθήνας, όσο ο αρχιτέκτονας του θεάτρου Θόδωρος Καλομοιράκης. Όταν ο διευθυντής του Εθνικού Θεάτρου, Νίκος Κούρκουλος, επικοινώνησε μαζί του για να του αναθέσει την ανακαίνιση ενός θεάτρου στην οδό Κυψέλης, ο Καλομοιράκης ενθουσιάστηκε. Ήταν η ευκαιρία για το θεατρικό σχεδιαστή να αποδείξει τις ικανότητές του στους συμπατριώτες του. Επρόκειτο για ένα θέατρο που ο Καλομοιράκης θυμόταν από τα νιάτα του. «Όταν πήγα και το είδα, συγκινήθηκα πάρα, πάρα πολύ», λέει ο Καλομοιράκης. «Το να επιστρέψω στον τόπο όπου γεννήθηκα και να εργαστώ για ένα θέατρο των παιδικών μου χρόνων, σηματοδοτούσε την επιστροφή στις ρίζες μου, αλλά και την ευκαιρία να ανταποδώσω κάτι».

*Όλα είναι δυνατόν να συμβούν στο Θέατρο Κάππα,
όπου κυματοειδή φατνώματα στην οροφή και ένα διάζωμα από μεταλλικές πλάκες που αντανακλούν το φως,
δίνουν ένα σύγχρονο ύφος στο χώρο.*

Ακόμα και οι πλαϊνοί τοίχοι, επενδεδυμένοι με φύλλο πλατίνας, που βρίσκονται πίσω από τους πεσσούς, έχουν κι αυτοί κυματοειδή επιφάνεια, απογειώνοντας το θεατή σε έναν κόσμο διαφορετικών διαστάσεων.

Παρ' όλο που ο Καλομοιράκης δε θα δώσει ο ίδιος παράσταση επί σκηνής, τη δουλειά του θα την απολαύσουν όλοι όσοι μπαίνουν στην αίθουσα των εξακοσίων θέσεων. Όπως και με κάθε άλλη θεατρική αναπαραγωγή, υπήρχαν προβλήματα που έπρεπε να αντιμετωπιστούν. Οι πεσσοί προς την πλευρά των καθισμάτων έπρεπε να παραμείνουν, γιατί στήριζαν την κατασκευή που βρίσκεται από πάνω. Υπήρχαν έντονα προβλήματα ακουστικής που απαιτούσαν ξεχωριστή διευθέτηση του ηχητικού συστήματος γύρω από τους τοίχους. Και η εγκατάσταση φωτισμού έπρεπε να επεκταθεί. Το αποτέλεσμα όμως είναι ένα σύγχρονο θέατρο, πολύ διαφορετικό από τα συνηθισμένα.

Τα ηχητικά συστήματα είναι κρυμμένα πίσω από μια εκθαμβωτική κατασκευή, σαν διάζωμα ψηλά

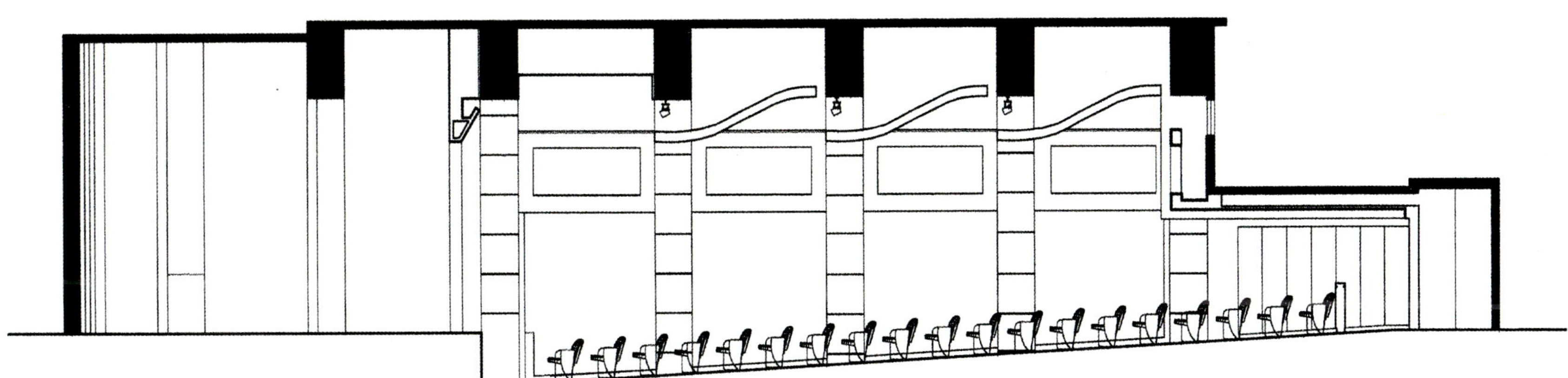

στους τοίχους, όπου κάθε παραλληλόγραμμο τμήμα της έχει ενσωματωμένες μεταλλικές πλάκες που αντανακλούν το φως· δίνουν στο σύνολο ένα σύγχρονο ύφος, όπου κυριαρχούν η χάρη και η δημιουργικότητα. Πίσω από τους πεσσούς, σε κάθε πλευρά, υπάρχουν κυματοειδείς τοίχοι, με επικάλυψη από φύλλο πλατίνας που δίνει την αίσθηση του πάγου που λιώνει. Η οροφή είναι και αυτή κυματοειδής, ώστε να μειώνεται και να απαλύνεται ο φωτισμός που έρχεται από τη σκηνή. Η παιχνιδιάρικη επιφάνειά της ανακουφίζει το βλέμμα και βοηθάει στη διάχυση του ήχου. Είναι φανερό ότι εδώ όλα είναι δυνατόν να συμβούν.

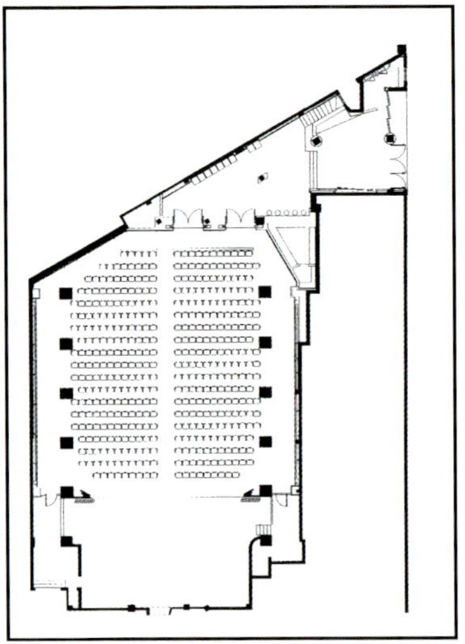

Για τον Καλομοιράκη που εργάστηκε περισσότερο από δύο χρόνια στο σχεδιασμό του θεάτρου, το έργο αυτό ήταν κάτι πιο πολύ από έργο αγάπης: ήταν ένα νοερό ταξίδι επιστροφής σε εκείνες τις ημέρες της νιότης του, τότε που, καθισμένος στο ίδιο θέατρο, προβληματιζόταν για τη σχέση ανάμεσα στη θεατρική παράσταση και τον εσωτερικό διάκοσμο. Ούτε που μπορούσε να φανταστεί τότε ότι σε μερικές δεκαετίες θα έφτανε στην επαγγελματική του ωριμότητα, σχεδιάζοντας την ανακαίνιση αυτού του ίδιου χώρου.

Η ευκαιρία για τον Καλομοιράκη να προσφέρει κάτι σημαντικό στην πατρίδα του παρουσιάστηκε, όταν το Εθνικό Θέατρο μετέφερε προσωρινά την Κεντρική Σκηνή του στο Θέατρο Κάππα. Στον ανακαινισμένο χώρο, ανάμεσα στις διάφορες παραστάσεις, ανεβάστηκαν και τα έργα *Το δώρο του Γκόργκον* του Πήτερ Σάφφερ και *Το μακρύ ταξίδι της ημέρας μέσα στη νύχτα* του Ευγένιου Ο' Νηλ. Στο Θέατρο Κάππα κάθε βράδυ, προτού ακόμα σηκωθεί η αυλαία, παρουσιάζεται το προσωπικό «μακρύ ταξίδι» ενός μεγάλου θεατρικού σχεδιαστή.

Η σκηνή είναι έτοιμη για να αρχίσει το έργο. Η πρώτη πράξη όμως σ' αυτό το θέατρο είναι ο εντυπωσιακός διάκοσμος.

Σ Υ Ν Τ Ε Λ Ε Σ Τ Ε Σ

Κ Α Τ Α Σ Κ Ε Υ Η Τ Ω Ν Κ Ι Ν Η Μ Α Τ Ο Γ Ρ Α Φ Ω Ν

KIEV
Συνεργάτης Θ. Καλομοιράκη: Yujin Asai
Εκτέλεση Έργου: Roman Shwed
Επιλογή υφασμάτων: Bill Stubbs
Υφάσματα: Scalamandré

Οπτικοακουστική Εγκατάσταση: Robert's Home Audio & Video, Los Angeles, Calif.
Υπεύθυνος Οπτικοακουστικής Εγκατάστασης: Steven Greenen
Οπτικοακουστικός Εξοπλισμός: Runco, JBL Synthesis, Snell, Faroudja

ELLIPSE
Συνεργάτης Θ. Καλομοιράκη: Michael Brothers
Εκτέλεση Έργου: Kathryne Sargent
Επιστασία Έργου: Chuck Loudon
Κατασκευές: J. Frederick Construction, Inc.
Καθίσματα: CinemaTech Seating

Οπτικοακουστική Εγκατάσταση: Marvin Electronics, Forth Worth, Texas
Ομάδα Οπτικοακουστικής Εγκατάστασης: Stewart Schuster, Larry Lawyer
Οπτικοακουστικός Εξοπλισμός: Runco, McIntosh

MOONLIGHT
Συνεργάτης Θ. Καλομοιράκη: Yujin Asai και Jose Perez
Εκτέλεση Έργου: Mike Martin
Επιλογή υφασμάτων: Jean Ortmier
Ζωγράφος πόστερ: Phil Parks
Υφάσματα: Robert Allen

Οπτικοακουστική Εγκατάσταση: Genesis Audio & Video, Irvine, Calif.
Υπεύθυνος Οπτικοακουστικής Εγκατάστασης: Darryl Peters
Οπτικοακουστικός Εξοπλισμός: Runco, Triad, AudioQuest, Lexicon

FIRST RUN
Συνεργάτης Θ. Καλομοιράκη: Garry Griggs
Εκτέλεση Έργου: Ilex
Επιστασία Έργου: Delbert Adams
Κατασκευές: Ilex
Καθίσματα: Sandringham

Οπτικοακουστική Εγκατάσταση: Integrated Media Systems, Sterling, Va.
Υπεύθυνος Οπτικοακουστικής Εγκατάστασης: Tom Wells
Οπτικοακουστικός Εξοπλισμός: Vidikron, JBL, Sony, Pioneer

NILE
Συνεργάτης Θ. Καλομοιράκη: Michael Brothers
Εκτέλεση Έργου: Chris Mackey
Γλύπτης/Κατασκευαστής: Frank Gallagher
Ελαιοχρωματισμοί: Doug Bowman
Καθίσματα: CinemaTech Seating

Οπτικοακουστική Εγκατάσταση: Image, Sound & Control, Las Vegas, Nev.
Υπεύθυνος Οπτικοακουστικής Εγκατάστασης: Don Calley, Bill Fischvogt
Οπτικοακουστικός Εξοπλισμός: Runco, B&K, Triad

JEWEL
Συνεργάτης Θ. Καλομοιράκη: Robert Fuller
Εκτέλεση Έργου: Bruce Belvin
Υφάσματα: F. Schumacher
Καθίσματα: Acoustic Innovations

Οπτικοακουστική Εγκατάσταση: Audio Advisors, West Palm Beach, Fla.
Υπεύθυνος Οπτικοακουστικής Εγκατάστασης: Eric Bergstedt, Jeff Miller
Οπτικοακουστικός Εξοπλισμός: Meridian, Sony, Faroudja

TUSCANY
Συνεργάτης Θ. Καλομοιράκη: Michael Brothers
Εκτέλεση Έργου: Buzz Rumsey
Μηχανικός Ακουστικής: Steven Haas
Ζωγραφική Αυλαίας: Artgroove
Κατασκευές Χώρου: J. Frederick Construction, Inc.
Καθίσματα: Irwin Seating

Οπτικοακουστική Εγκατάσταση: Atlanta Home Theater, Atlanta, Ga.
Υπεύθυνος Οπτικοακουστικής Εγκατάστασης: Scott Ross
Οπτικοακουστικός Εξοπλισμός: Digital Projection, Wilson, Meridian, Jeff Rowland

DIGITAL PALACE
Συνεργάτης Θ. Καλομοιράκη: David Hutchinson
Εκτέλεση Έργου: George Jones
Καθίσματα: Irwin Seating

Οπτικοακουστική Εγκατάσταση: Electronic Evolutions, Carmel, Ind.
Υπεύθυνος Οπτικοακουστικής Εγκατάστασης: Travis Combs
Οπτικοακουστικός Εξοπλισμός: Runco, Genelec, Snell & Wilcox, Meridian

SOUTH BEACH
Συνεργάτης Θ. Καλομοιράκη: Michael Brothers
Εκτέλεση Έργου: Anthony Salcito
Πρόσθετη Μελέτη Εγκατάστασης Φωτισμού: Walter Spitz
Κατασκευές Χώρου: J. Frederick Construction, Inc.

Οπτικοακουστική Εγκατάσταση: Electronic Design Group, Scottsdale, Ariz.
Ομάδα Οπτικοακουστικής Εγκατάστασης: Tony Tangalos, Chip Satterlund
Οπτικοακουστικός Εξοπλισμός: Digital Projection, CAT, ADA, Sony

LUNADA SUNSET
Συνεργάτης Θ. Καλομοιράκη: Michael Brothers
Εκτέλεση Έργου: Carlos Bas
Πρόσθετη Φωτογράφιση: David Kessler
Ελαιοχρωματισμοί: Sharon Plum
Υφάσματα: F. Schumacher
Καθίσματα: Irwin Seating

Οπτικοακουστική Εγκατάσταση: Robert´s Home Audio & Video, Los Angeles, Calif.
Υπεύθυνος Οπτικοακουστικής Εγκατάστασης: Brian Dick
Οπτικοακουστικός Εξοπλισμός: Runco, MartinLogan, Proceed, Marantz, Xplore Solutions

TOLEDO
Συνεργάτης Θ. Καλομοιράκη: Aline Rizk
Εκτέλεση Έργου: Marc Anderson
Κατασκευές: Formglas
Ελαιοχρωματισμοί: Derrick Martens
Καθίσματα: Irwin Seating

Οπτικοακουστική Εγκατάσταση: Aurant
Ομάδα Οπτικοακουστικής Εγκατάστασης: Mike Pyle, Brian Child
Οπτικοακουστικός Εξοπλισμός: JVC, Proceed, Revel, Sony

RITZ
Συνεργάτης Θ. Καλομοιράκη: Aline Rizk
Εκτέλεση Έργου: Shafir & Munir
Επιστασία Έργου: Phil Cuny
Επιλογή υφασμάτων: Hershel Cannon
Τοιχογραφίες: Artgroove
Κατασκευές: Formglass
Καθίσματα: CinemaTech Seating
Ταπετσαρίες τοίχων: Acousticsmart

Οπτικοακουστική Εγκατάσταση: HomeTronics, Dallas, Texas
Υπεύθυνος Οπτικοακουστικής Εγκατάστασης: Greg Margolis, Eddie Asher
Οπτικοακουστικός Εξοπλισμός: Runco, CAT MBX, ADA, Xplore Solutions

ΣΙΦΝΟΣ
Συνεργάτης Θ. Καλομοιράκη: Yujin Asai
Εκτέλεση Έργου: Νίκος Ρώτας
Ξυλοκασκευές: Γιάννης Τζες
Καθίσματα: Irwin Seating

Οπτικοακουστική Εγκατάσταση: Γιάννης Ρουμπέσης ΕΠΕ
Υπεύθυνος Οπτικοακουστικής Εγκατάστασης: Γιάννης Ρουμπέσης
Οπτικοακουστικός Εξοπλισμός: JBL, Denon, Philips

RIALTO
Συνεργάτης Θ. Καλομοιράκη: Yujin Asai
Εκτέλεση Έργου: Vern Buwalda
Εσωτερική Διακόσμηση: Lisa Slayman
Καθίσματα: Acoustic Innovations

Οπτικοακουστική Εγκατάσταση: AudioVisions, Lake Forest, Calif
Ομάδα Οπτικοακουστικής Εγκατάστασης: Mark Hoffenberg, Ted Taylor
Οπτικοακουστικός Εξοπλισμός: Sony, Lexicon, Triad, Faroudja

ΟΛΥΜΠΙΑ
Συνεργάτης Θ. Καλομοιράκη: Jorge Arias
Αρχιτεκτονική Επίβλεψη: Αρχιτεκτονικό Γραφείο Ανδρέα Βουρέκα-Πεταλά
Συνεργάτες: Δημήτρης Κανόνης, Πέγγυ Φουρίδη
Εκτέλεση Έργου: Νίκος και Γιώτης Παυλογιάννης

Οπτικοακουστική Εγκατάσταση: Γιάννης Ρουμπέσης ΕΠΕ
Οπτικοακουστικός Εξοπλισμός: JBL Cinema Series, Lexicon, Marantz, AMX
Εγκατάσταση Ηχητικής Μόνωσης: Technamat

ΣΙΝΕ ΕΛΗΕΣ
Συνεργάτης Θ. Καλομοιράκη: Yujin Asai
Εκτέλεση Έργου: Νίκος Ξυδάς

Οπτικοακουστική Εγκατάσταση: Γιάννης Ρουμπέσης ΕΠΕ
Οπτικοακουστικός Εξοπλισμός: Barco, JBL, Proceed, Madrigal

ΧΕΡΣΟΝΗΣΟΣ ΕΛΟΥΝΤΑ
Συνεργάτης Θ. Καλομοιράκη: Jorge Arias
Εκτέλεση Έργου: Φώτης Κοκοτός

Οπτικοακουστική Εγκατάσταση: Γιάννης Ρουμπέσης ΕΠΕ
Οπτικοακουστικός Εξοπλισμός: Barco, Proceed, JBL Cinema Series

ΘΕΑΤΡΟ ΚΑΠΠΑ
Συνεργάτης Θ. Καλομοιράκη: Carlos Alvarado
Αρχιτεκτονική Συνεργασία: ATM Architects-Carlos Alvarado
Εκτέλεση Έργου: Στέφανος Κούρκουλος
Εργολάβος: Δημήτρης Χελιώτης
Διακοσμητική Επίβλεψη: Σωτήρης Αγγελόπουλος
Μηχανολογική Μελέτη: Ηρακλής Σωτηράκης
Μηχανικός Ήχου: Γιώργος Αντωνόπουλος
Μελέτη Ήχου: Σωτήρης Ψαράς
Ηλεκτρολόγος: Παναγιώτης Μανιάτης

THEO KALOMIRAKIS THEATERS
517 W. 35th St.
New York, NY 10001
(877) TKTHEATERS
www.tktheaters.com

Φωτογράφοι
Phillip Ennis: σ. 16-111, 122-127, 129-159, 166-205
Γιώργος Φαφαλής: σ. 207-227
Robert Reck: σ. 112-121
David Kessler: σ. 128
Νίκος Α. Βερνίκος σ. 160-165

Καλλιτεχνική Επιμέλεια & Σχεδιασμός: Jeffrey Rubin, APM ADVERTISING, INC. East Calais, VT, USA

Επεξεργασία εικόνων: ΑΦΟΙ ΜΙΧΑΗΛΙΔΗ

Εκτύπωση: Α. ΠΕΤΡΟΥΛΑΚΗΣ ΑΒΕΕ

Βιβλιοδεσία: Γ. ΜΟΥΤΣΗΣ

1 THEATER SECTION ELEVATION
1/2" = 1'-0"

DUPLEX OUTLET

4
A-2

PLASTER CEILING PAINTED

FINISHED PLASTER FASCIA

WOOD VENEER PANEL
MEDIUM STAINED FINISH

WOOD VENEER PANEL
MEDIUM STAINED FINISH

WOOD VENEER TRIM
EBONIZED FINISH

LEFT, CENTER & RIGHT
SPEAKERS

SCREEN MOUNTED TO
CARPETED WALL

CONCEALED
DOUBLE DOORS
TOUCH LATCH
HARDWARE

ALIGN